JETZT NÄH' ICH FÜR MICH!

Lieblingsshirts aus Jersey

INHALT

JETZT NÄH' ICH FÜR MICH...

... nicht für meine Kids, auch nicht für andere Lieblingsmenschen, mal keine Taschen und keinen Kleinkram! Nun bin ich mal dran und nähe mir lauter schöne Oberteile, die ganz genau mein Ding sind. Hoodies, Jacken, Longsleeves, Shirts mit Kragen zum Einkuscheln, luftige Sommerteile – alles, was mein Herz begehrt!

Genau dieses Motto kannst du kreativ mit dem Schnittbuch, das du gerade in der Hand hältst, umsetzen: 15 unterschiedliche Modelle, die du ganz individuell in deinem Style designen kannst, warten auf dich.

Und wenn deine neuen Outfits dann fertig sind, hält das Buch noch eine tolle Überraschung für dich bereit: zwei Mini-Me-Modelle, also Kindershirts, die ganz genauso aussehen wie die von Mama, verspielt fürs Mama-Tochter-Ensemble und ganz sportlich für die Mama-Sohn-Kombi. Kann die Mama in dir da widerstehen?

Wenn du noch weitere Anregungen suchst, findest du sie in der Bildergalerie am Ende des Buches. Hier zeigen 26 Bloggerinnen ihre Lieblingskreationen, die sie liebevoll bis ins kleinste Detail umgesetzt haben. Lass' dich davon inspirieren und dann mach' einfach das, was dir gefällt!

In diesem Sinne wünsche ich dir eine wunderbar inspirierende und kreative Zeit mit diesem Buch.

Herzlichst deine

Mechthild Willared

MIOU MIOU SCHNITTMUSTER

So fing alles an

Mein Traum vom Nähen begann neben meiner Mama an ihrer ratternden Tretnähmaschine! Dort stand ich, war fasziniert und konnte nie genug davon bekommen, ihr zuzuschauen. Schon mit sechs Jahren benähte ich enthusiastisch meine Püppchen von Hand, denn Mamas Nähmaschine war noch tabu. Später auf dem Gymnasium wählte ich begeistert das Fach Textiles Gestalten und mein erstes Werk war eine große Patchworkdecke für mein Bett.

Meine Ausbildung

Nach dem Abi stand für mich fest, dass ich meine Leidenschaft zum Beruf machen würde. Ich besuchte eine Technikerschule und wurde so Bekleidungstechnikerin und Schnittdirektrice.

Selbständigkeit

Bereits 1994 habe ich mich selbständig gemacht und zehn Jahre lang Nähkurse angeboten, für viele Kunsthandwerkermärkte schöne Sachen entworfen und damals schon Kleiderpartys bei interessierten Familien veranstaltet.

Miou Miou Schnittmuster

Das Label Miou Miou Schnittmuster entstand 1998 mit vier Schnitten, zwei für Mädchen und zwei für Jungs. Nachdem meine beiden Töchter auf der Welt waren, ging für ein paar Jahre die Familie vor. Aber seit 2009 kann ich nun meiner kreativen Leidenschaft wieder ganz intensiv nachgehen und Modelle entwerfen und Schnittmuster entwickeln. Bis heute machen die Papierschnittmuster bei mir das Rennen, aber auch E-Books ziehen nach und nach in mein Sortiment ein.

Die Buchidee

Bei einem Nähfestival entstand die Idee, mit dem Christophorus Verlag ein Buch zu machen. Ich war sofort Feuer und Flamme! Es hat viel Spaß gemacht, diesen Titel zu planen, zu gestalten und die vielen, vielen Arbeitsschritte fertigzustellen. Für eine Quereinsteigerin wie mich war das allerdings eine riesengroße Aufgabe! Aber nun ist es geschafft, und ich bin stolz, dass du das Buch in den Händen halten kannst.

Mein Nähteam

Seit einiger Zeit habe ich ein Probenähteam um mich versammelt, das mir fleißig dabei hilft, meine Schnittmuster auf Herz und Nieren zu testen. Viele ihrer Lieblingsmodelle, die nach den Schnittmustern des Buches entstanden sind, kannst du auf den letzten Seiten bewundern. Es gibt zu allen Bloggerinnen Links, damit du nachschauen kannst, was sie sonst noch so für Ideen haben.

Wie du mich im Internet findest

Ich freue mich, wenn du mich auf meiner Homepage und im Shop unter www.mioumiou.de besuchst. Auch auf Facebook bin ich sehr aktiv, meine Fanpage lautet: www.facebook.com/MiouMiouSchnittmuster.

WAS DU WISSEN SOLLTEST

Zuschnitt

Maßnehmen und Schnittgröße:

Die Modelle in diesem Buch fallen eher schlank aus, entsprechend der aktuellen Schnittführung in der Konfektion. Um die richtige Schnittgröße auswählen zu können, solltest du zuerst deine Ober- und Hüftweite mit einem Maßband ausmessen, notieren und anschließend mit der beigefügten Maßtabelle vergleichen. Ausschlaggebend für die Schnittgröße ist in erster Linie die Oberweite. Wähle also die Größe aus, in der die Maße aus der Tabelle deinen am ehesten entsprechen. Die Hüftweite korrigierst Du dann am Schnitt, indem Du jeweils an der Seitennaht ein Viertel des Differenzbetrags zwischen deiner Hüftweite und dem Maß der Tabelle zugibst. Nur wenn du eine sehr starke Hüftweite im Gegensatz zur entsprechenden Oberweite hast, solltest du überlegen eine größere Größe zu wählen.

Konfektionsgröße	34	36	38
Oberweite	78–81	82–85	86–89
Taillenweite	63–65	66–69	70–73
Hüftweite	88–91	92–95	96–98

Konfektionsgröße	40	42	44
Oberweite	90–93	94–97	98–102
Taillenweite	74–77	78–81	82–85
Hüftweite	99–101	102–104	105–108

Für die Kids ist die Körperhöhe/Größe des Kindes ausschlaggebend. Zusätzlich kannst du dich auch noch an den Konfektionsgrößen orientieren. Tipp: Wenn du den Schnitt abgepaust hast, lege ihn auf ein passendes Shirt des Kindes und kontrolliere Weite, Länge und Ärmellänge. Nimm dann eventuell Änderungen vor oder wähle eine andere Größe aus.

Körpergröße	104	116	128	140	152
Brustumfang	58–59	60–63	64–67	68–71	72–75
Taillenweite	54	55–57	58/60	61–63	64–68
Hüftweite	61–64	65–69	70–73	74–76	77–82

Nahtzugaben:

Nahtzugaben sind in den Schnittmustern nicht enthalten und müssen noch hinzugefügt werden. Wenn nicht anders angegeben, beträgt die Nahtzugabe 1 cm.

Schnittmuster abpausen:

Die originalgroßen Schnittteile findest du auf den beigefügten Schnittbogen A–D. Am besten paust du diese mit Seidenpapier, Transparentpapier oder Schnittmusterfolie ab.

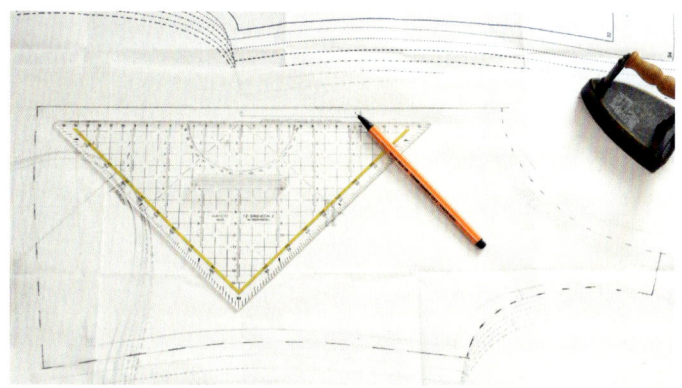

Ganz wichtig: Übertrage die Beschriftung vom Schnittbogen auf dein abgepaustes Schnittteil: Modellnummer, Größe, Fadenlauf, Kräuselmaße, Markierungen usw. Zeichne schon jetzt die Nahtzugabe mit an, dann musst du später beim Zuschnitt nur noch rundherum ausschneiden. Du sparst dir so den Arbeitsgang „Nahtzugabe anzeichnen".

Nahtzugaben anzeichnen:

Falls Du die Nahtzugabe doch lieber auf dem Stoff anzeichnen möchtest, verwende hierzu Schneiderkreide, Kreidestift oder auch einen Markierstift.

Fadenlauf/Maschenlauf:

Der Fadenlauf bei Webware und der Maschenlauf bei Strickware ist die Richtung, in der die Stoffe gewebt oder gestrickt wurden. Dieser verläuft immer parallel zur Web- bzw. Stoffkante. Beim Zuschnitt werden die Schnittteile mit ihrem eingezeichneten Fadenlauf parallel zur Stoffkante aufgelegt.

Stoffbruch:

Die Stoffbruchlinie kennzeichnet die Mitte eines Schnittteils. Nach dem Zuschnitt ist das zugeschnittene Teil doppelt so groß wie das verwendete Papier-Schnittteil. An der Stoffbruchlinie ist keine Kante oder Naht! Soll zum Beispiel ein Vorderteil im Stoffbruch zugeschnitten werden, wird der Stoff soweit doppelt übereinandergeschlagen wie benötigt. Dann wird das Schnittteil genau an diese Umbruchkante gelegt und zugeschnitten. Klappst du das Teil anschließend auseinander, hat es die gewünschte doppelte Größe, ohne eine Naht in der Mitte.

Einfache und doppelte Stofflage:

Für Kleidungsstücke benötigt man in der Regel **doppelt** zugeschnittene Teile, also zwei Ärmel, zwei Kapuzenteile oder auch Vorder- und Rückenteile, doppelt im Stoffbruch zugeschnitten. Es gibt ein paar Ausnahmen, bei denen Schnittteile in **einfacher Stofflage** zugeschnitten werden müssen, z.B. wenn der Schnitt asymmetrisch ist wie im Modell Pusteblume. Die **Zuschneidepläne** im Buch zeigen dir, wie deine Schnittteile auf die verschiedenen Stoffe aufgelegt werden. Schau dir genau an, welche Teile im Stoffbruch, doppelt oder einfach (gestrichelt dargestellt) zugeschnitten werden müssen.

Zuschnitt mit Schere oder Rollschneider:

Für das Zuschneiden kannst du entweder eine Schneiderschere oder auch einen Rollschneider mit Schneidematte benutzen.

Nähen

Versäubern:

Für das Nähen der Modelle reicht eine einfache Nähmaschine aus. Mit dem Zickzackstich oder einem Spezialstich deiner Maschine versäuberst du **nach** dem Zusammennähen der Teile die Nahtzugaben gemeinsam. Keinesfalls schon vorher, da sich beim Versäubern der einzelnen Teile der Stoff ausdehnt und anschließend nichts mehr zusammenpasst! Natürlich kannst du auch mit einer Overlockmaschine nähen und gleichzeitig versäubern. Denke daran, dass du dann nur eine Nahtzugabe von ca. 7 mm benötigst.

Sticharten deiner Nähmaschine:

Geradstich: Nutzstich für nicht dehnbare Stoffe.
Zickzackstich: Nutzstich zum Versäubern der Kanten. Wichtig: Immer darauf achten, dass die Nadel beim Übernähen der Kante abwechselnd in den Stoff und ins Leere sticht. Ein schmal eingestellter Zickzackstich (Stichbreite hierzu verringern) kann auch als dehnbarer Stich eingesetzt werden.
Elastische Stiche: Spezialstiche für dehnbare Stoffe, z.B. Doppel- oder Dreifach-Stretchstiche, Overlockstiche usw.

Nähte verriegeln:

Damit die Fadenenden beim Nähen gesichert sind, nähe am Anfang und Ende der Naht immer 3–4 Stiche vor und zurück.

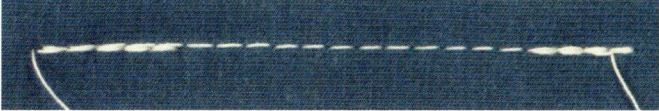

Maschinennadeln:

Es gibt für alle Stoffe die passenden Nähmaschinennadeln: für Seide, Mikrofaser, Jeans, Leder usw. Ein gemischtes Sortiment verschiedener Nadelstärken von 70 (feine Stoffe) bis 100 (feste, dicke Stoffe) ist für den Anfang sehr praktisch. Für dehnbare Stoffe solltest du aber immer eine Jerseynadel verwenden. Diese hat eine abgerundete Spitze, die verhindert, dass beim Nähen Maschen verletzt werden. Für das Nähen dehnbarer Säume eignet sich die Zwillingsnadel besonders gut. Sie bildet mit zwei Ober- und einem Unterfaden zwei parallel verlaufende Nähte, die nicht nur professionell aussehen, sondern auch sehr elastisch sind. Zwillingsnadeln gibt es in verschiedenen Breiten und Nadelstärken.

Heften:

Um das Verschieben von Stofflagen zu verhindern, ist das Fixieren mit Reihgarn sehr hilfreich. Reihgarn ist ein locker gedrehter Faden, mit dem man in Handstichen Stoffteile zusammenfügen kann und der sich schnell wieder aus dem Stoff ziehen lässt.

Verstürzen:

Der Ausdruck **Verstürzen** fasst eigentlich mehrere Arbeitsgänge zusammen: Das Zusammennähen zweier Stoffteile (z.B. von zwei Taschenbeuteln), das Zurückschneiden von Nahtzugaben rundherum und an den Ecken, das Einschneiden/Einknipsen von Rundungen und das anschließende Wenden des Teils. Hast du alles richtig gemacht, wirst du beim Bügeln feststellen, wie schön sich z.B. eine Tasche mit Ecken und Rundungen legt, ohne dass sich der Stoff unschön verzieht!

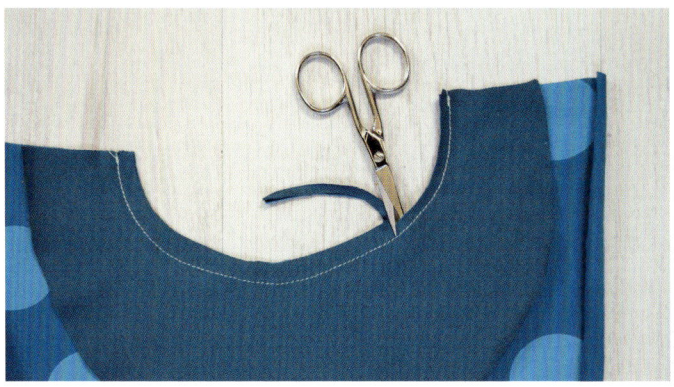

Absteppen von Nähten:

Knappkantig absteppen: Du nähst etwa im Abstand von 3 mm neben der Kante entlang.

Füßchenbreit absteppen: Die Kante des Nähfüßchen läuft beim Nähen exakt an der Stoffkante entlang. Für breitere Abstände kannst du einen magnetischen Abstandhalter verwenden oder eine Klebebandmarkierung anbringen. Eventuell kannst Du die Nadelposition verstellen und erhälst so verschiedene Abstände.

Rechte und linke Stoffseite – rechts auf rechts:

Die rechte Seite eines Stoffes ist beim fertigen Kleidungsstück immer außen zu sehen. Wenn bei den Arbeitsschritten rechts auf rechts legen oder nähen steht, heißt das: Lege die zugeschnittenen Teile so zusammen, dass die rechten Stoffseiten beider Teile innen liegen. Nach dem Nähen und Wenden des Teils liegt die Nahtzugabe dann innen auf der linken Stoffseite und rechts ist die genähte Naht zu sehen.

Einkräuseln:

Zuerst lockerst du die Fadenspannung. Dann nähst du laut Markierung eine Naht mit ca. 3 bis 4 mm und eine mit knapp 1 cm Abstand zur Kante. Nahtanfänge und -enden werden nicht verriegelt. Mit beiden lockeren Unterfäden ziehst du jeweils von beiden Enden her den Stoff zusammen. Ist die korrekte Weite erreicht, werden Ober- und Unterfäden jeweils miteinander verknotet.

Stoffkunde (dehnbare Stoffe)

Jersey ist der Sammelbegriff für dehnbare und weiche Maschenware, meist aus Baumwolle oder Baumwollmischungen. Je nach Strickart werden weitere Arten unterschieden:

Singlejersey: Die Maschen erscheinen auf der linken Seite anders als rechts und die Kanten rollen stark ein.

Interlock Jersey: Rechte und linke Stoffseite sehen gleich aus und die Kanten rollen nicht ein.

Sweatshirtstoff: Eine elastische Maschenware, die auf der Innenseite aufgeraut ist, warm und weich im Griff, aber sehr viel weniger dehnbar als z.B. Singlejerseys.

Sommersweat: Die etwas feinere Variante des Klassikers, denn dieser Sweatstoff ist innen nicht aufgeraut, sondern bildet auf der linken Seite kleine Schlingen.

Nickistoff: Bezeichnung für elastische Wirkware aus Baumwoll- oder Chemiefaser mit samtartiger Oberfläche und weichem Griff.

Bündchenware: Äußerst elastische und gleichmäßige Strickware, bei denen sich rechte und linke Maschen abwechseln und in Längsrichtung durchgehende Rippen bilden. Wird häufig auch als Schlauchware angeboten.

Wichtig: Bündchenware kann in der Elastizität sehr unterschiedlich sein. Deshalb sind die Angaben in den Anleitungen auch nur Richtwerte. Bitte überprüfe vor dem Annähen die Weite der Bündchen für Saum, Ärmel und Ausschnitt und ändere sie gegebenenfalls noch ab.

Grundausstattung

Diese Utensilien solltest du dir unbedingt als Grundausstattung anschaffen:

Große Stoffschere, kleine Stickschere, Papierschere, Stecknadeln, Handmaß, Maßband, großes Geodreieck, Nähgarn, Maschinennadeln und Nähnadeln. Zum Anzeichnen: Schneiderkreide oder synthetische Kreide, Kreidestift oder Trickmarker (Markierungen verschwinden nach einer Weile von selbst wieder).

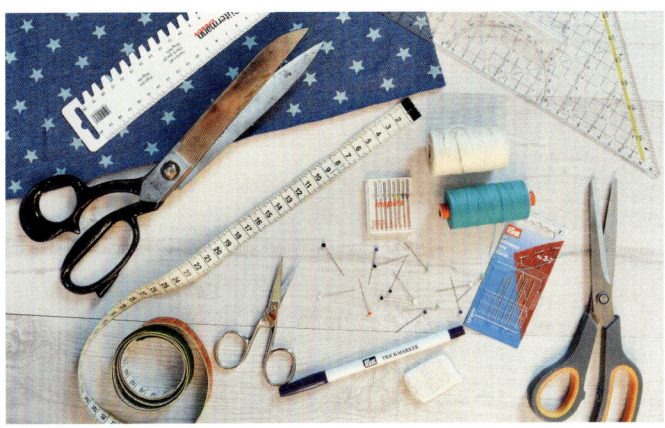

PURPLE DREAM

Longsleeve mit rundem Ausschnitt und Schleife

Größen: 34–44 • Schwierigkeitsgrad: ✂ • Schnittteile 1a–1g in Schwarz auf Bogen A

Du hast noch nie ein Shirt aus Jersey genäht?
Kein Problem, denn dieses Modell ist als Nähprojekt für Einsteiger absolut perfekt.
Mit einem ausgefallenen Stoff wird es ganz sicher zu deinem Lieblingsstück!

Material

- 145 cm geblümter Jersey, 140 cm breit
- 70 cm uni Jersey, 140 cm breit

Tipp zum Modell: Aus diesem Shirt lässt sich ganz schnell eine Variante mit Mini-Passe zaubern! Im Schnittteil 1a ist die Passe mit eingezeichnet. Schneide das Vorderteil ohne Passe zu und die Passe stattdessen aus einem anderen Stoff. Nähe die Passen an das Vorderteil und arbeite anschließend weiter wie in der Anleitung beschrieben. Für die hier gezeigte Variante benötigst du 70 cm geblümten und 85 cm uni Jersey.

Zuschneiden

Nahtzugaben Schnittteile: Keine Nahtzugabe am Ausschnitt und am Einfassband, an allen anderen Kanten 1 cm Nahtzugabe hinzufügen.

Geblümter Jersey (Stoff A)

- 1-mal Vorderteil 1a im Stoffbruch
- 1-mal Rückenteil 1b im Stoffbruch
- 2-mal Ärmel 1c
- 1-mal Saumbündchen 1f im Stoffbruch

Uni Jersey (Stoff B)

- 2-mal Ärmelbündchen 1g

In einzelner Schnittlage nach Zuschnitt des Ärmelbündchens:

- 1-mal Einfassband für den Ausschnitt 1d
- 1-mal Schleife 1e

Zuschneideplan

Stoff A

Stoffbruch

1a

Webkante

Stoffbruch

1b

Stoffbruch

Stoffbruch

1f 1c

Webkante

Stoff B

Stoffbruch

1e 1g

1d

Webkante

Zuschneideplan für die Variante mit kleinen Passen

Stoff A

Stoffbruch

1a

Webkante

1g

Stoffbruch

1b

Stoffbruch

Stoff B

Stoffbruch

1f 1a Passe

1e

1d

1c

Webkante

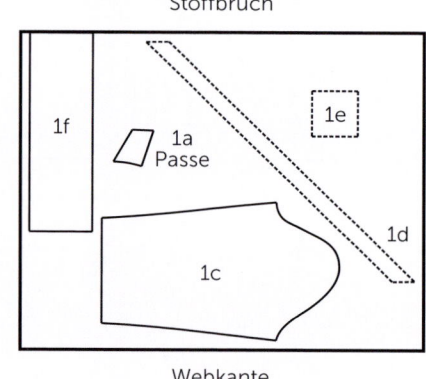

So wird's gemacht

Hinweis: Alle Nähte müssen mit einem elastischen Stich deiner Nähmaschine oder einem schmalen Zickzackstich (Stichlänge 3, Stichbreite 1) genäht werden. Verwende eine Jerseynadel.

1 Alle Teile laut Zuschneideplan zuschneiden.

2 Ausschnitt einfassen: Die Schulternähte schließen, jedoch die Naht zum Halsausschnitt hin ca. 3 cm weit offen lassen **2a**. Das Einfassband ab der offenen Schulternaht rechts auf rechts leicht gedehnt an den Halsausschnitt stecken, dabei steht das Band am Anfang und am Ende jeweils etwas über **2b**. Das Band annähen und die Außenkante des Bands versäubern **2c**. Anschließend das Einfassband genau an der Halsausschnittkante nach innen umlegen, feststecken **2d** und von rechts knappkantig annähen **2e**. Die überstehenden Bandenden abschneiden und das noch offene Stück an der Schulternaht schließen **2f**. Die Ausschnittkante bügeln.

3 Ärmel einsetzen: Die Ärmel rechts auf rechts in die Armausschnitte stecken, hierbei treffen die Seitennähte und die Schulterpunkte von Oberteil und Ärmel aufeinander. Durch die Passzeichen am vorderen Ärmel erkennst du, welches der rechte und der linke Ärmel ist **3a**. Anschließend die Ärmel einnähen. Die Nahtzugaben zusammen versäubern. Dann die Ärmel- und Seitennähte rechts auf rechts jeweils in einem Arbeitsgang schließen, die Nahtzugaben ebenfalls zusammen versäubern **3b**.

Tipp zum Modell: Statt Einfassband kannst du auch ein schmales Bündchen annähen. Die Maße für Größe 34–44 sind dann: 3,5 cm breit und 60, 62, 64, 66, 68, und 70 cm lang plus 1 cm Nahtzugabe rundum.

2a

2e

2b

2f

2c

3a

2d

3b

4 Das Saumbündchen nähen: Das Bündchen zum Ring schließen, d.h. die kurzen Enden rechts auf rechts zusammennähen. Die Nahtzugaben auseinanderbügeln **4a**. Dann das Bündchen links auf links doppelt legen, sodass die Längskanten aufeinanderliegen und es die fertige Breite erhält. Um alle Bündchen gleichmäßig gedehnt annähen zu können, teilt man deren Gesamtweite in vier Teile auf und steckt sich dort jeweils eine Stecknadel zur Markierung fest **4b**. Beim Saum und Ärmelsaum ebenso vorgehen. Anschließend die Markierungsnadeln der Bündchen passgenau an die Markierungsnadeln der Säume stecken **4c**. Das Bündchen zwischen den Nadeln leicht dehnen und nochmals feststecken **4d**. Bündchen mit einem dehnbaren Stich festnähen und die Nahtzugaben zusammen versäubern **4e**. Die Ärmelbündchen entsprechend annähen **4f** + **4g**.

5 Für die Schleife das zugeschnittene Rechteck der Länge nach rechts auf rechts doppelt legen und rundherum zunähen, jedoch ein Stückchen zum Wenden offen lassen **5.1**. Die Nahtzugabe etwas zurückschneiden, das Rechteck wenden und bügeln **5.2**. Anschließend das noch offene Stück mit ein paar Handstichen zunähen **5.3**. Das fertige Teil mittig mit Handstichen zur Schleife zusammenziehen **5.4**. Die Schleife in der vorderen Mitte des Ausschnitts annähen.

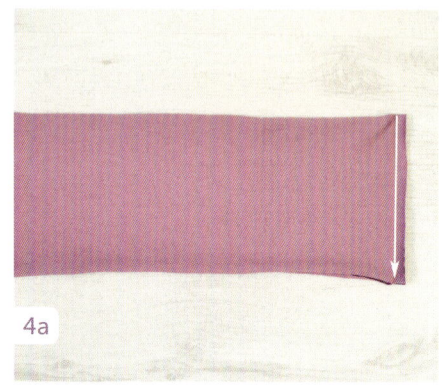

4a

4b

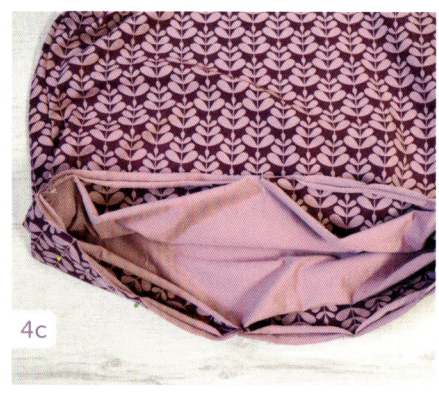

4c

4d

4e

4f

4g

5

FLOWER POWER

Kurzarmshirt mit Kragen und Puffärmeln

Größen: 34–44 • Schwierigkeitsgrad: ✂✂ • Schnittteile 2a bis 2e und 1f in Schwarz auf Bogen A

Mit diesem blumigen Sommershirt bist du auf der Sonnenseite. Das Besondere sind der ausgefallene Kragen und die verspielten Puffärmel. Wenn dir das Grundmodell auf den vorherigen Seiten keine Schwierigkeiten bereitet, kannst du dich getrost auch an dieses zauberhafte Modell wagen!

Material

- 95 cm geblümter Jersey, 140 cm breit
- 25 cm weißer Jersey oder leichte Webware
- 30 cm Bündchenstoff, mindestens 100 cm breit (bei Schlauchware: 100 cm Umfang)
- 60 cm Bommelborte

Tipp zum Modell: Wenn du lieber ein Shirt mit langen Ärmeln nähen möchtest, kannst du das Schnittteil 1c vom Modell „Purple dream" verwenden. Du benötigst dafür dann insgesamt 1,30 m geblümten Jerseystoff. Die passenden Ärmelbündchen kannst du dann nach Schnittteil 1g aus dem gleichen Material zuschneiden.

Zuschneiden

Nahtzugaben Schnittteile: An allen Kanten 1 cm Nahtzugabe hinzufügen.

Geblümter Jersey (Stoff A)
- 1-mal Vorderteil 2a im Stoffbruch
- 1-mal Rückenteil 2b im Stoffbruch
- 2-mal Ärmel 2c
- 1-mal Kragen 2d im Stoffbruch

Weißer Jersey oder Webware (Stoff B)
- 1-mal Kragen 2d im Stoffbruch (Futter)

Bündchenstoff (Stoff C)
- 1-mal Saumbündchen 1f im Stoffbruch
- 2-mal Ärmelbündchen 2e

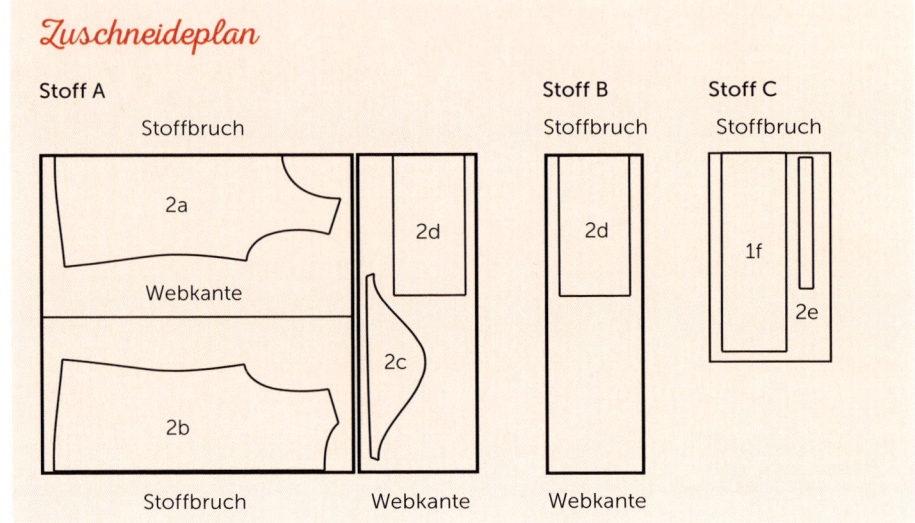

Zuschneideplan

Stoff A — Stoffbruch — 2a — Webkante — 2b — Stoffbruch — 2d — 2c — Webkante

Stoff B — Stoffbruch — 2d — Webkante

Stoff C — Stoffbruch — 1f — 2e

So wird's gemacht

Hinweis: Alle Nähte müssen mit einem elastischen Stich deiner Nähmaschine oder einem schmalen Zickzackstich (Stichlänge 3, Stichbreite 1) genäht werden. Verwende eine Jerseynadel.

1 Alle Teile laut Zuschneideplan zuschneiden.

2 Schulter- und Seitennähte rechts auf rechts schließen.

3 **Kragen nähen:** Seitennähte (= kurze Kanten) von Kragen und Futterkragen schließen **3a**. Beide Kragenteile rechts auf rechts an der oberen Kante zusammennähen **3b**. Die Nahtzugaben etwas zurückschneiden und den Kragen auf rechts wenden **3c**. Die obere Kante bügeln, die Bommelborte von außen an die obere Kante stecken und anschließend aufnähen **3d**. Kragen an das Halsloch

stecken: Hierfür markierst du dir mit Stecknadeln die vordere und hintere Mitte am Halsloch. Leg' diese Markierungen übereinander, dadurch ergibt sich auch seitlich eine Halbierung. Hier steckst du ebenfalls zur Markierung Stecknadeln. Nun ist der Ausschnitt in genau 4 gleich große Abschnitte aufgeteilt. Die Unterkante des Kragens teilst du ebenfalls durch Stecknadelmarkierungen in 4 gleich große Abschnitte. Beim Anstecken des Kragens trifft die Naht des Kragens genau auf die hintere Markierung des Ausschnitts und die Markierungsnadeln jeweils aufeinander **3e**. Kragen feststeppen und die Nahtzugaben zusammen versäubern.

4 **Kräuselärmel nähen:** Ärmel an der Armkugel und im Saumbereich laut Markierung auf dem Schnitt einkräuseln (siehe auch „Was du wissen solltest", Seite 11). Die Unterfäden

der Kräuselnähte im Saumbereich auf eine Länge von 10–12 cm anziehen und die Fadenenden verknoten **4a**.

3a

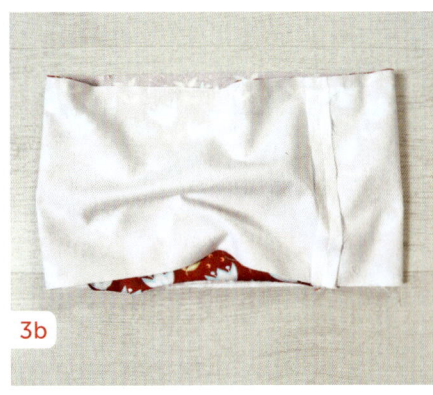

3b

3c

3d

3e

4a

Die Ärmelnähte rechts auf rechts schließen und die Nahtzugaben zusammen versäubern **4b** . Die Bündchen rechts auf rechts zum Ring schließen. Die Nahtzugaben auseinanderbügeln und die Bündchen links auf links doppelt legen, sodass die Längskanten aufeinanderliegen **4c** . Die Hälfte der Bündchen- und Ärmelsaumweite mit Stecknadeln markieren. Das Bündchen zuerst mit der Naht rechts auf rechts an die Ärmelnaht, dann an den Markierungen feststecken. Den Rest dazwischen leicht dehnen und ebenfalls feststecken **4d** . Das Bündchen annähen und die Nahtzugaben zusammen versäubern **4e** . Die Ärmel rechts auf rechts in den Armausschnitt stecken, dazu die Ärmel auf rechts wenden. Hierbei treffen die Seitennähte und die Schulterpunkte von Oberteil und Ärmel aufeinander. Anschließend erst den unteren Teil (ohne die Kräuselung) feststecken, dann die Kräuselfäden so weit anziehen, dass die Armkugel genau ins Armloch passt. Fadenenden verknoten, die Kräuselweite gleichmäßig verteilen und die Ärmel einnähen **4f** . Die Nahtzugaben zusammen versäubern.

5 Das Saumbündchen annähen, wie bei Modell „Purple dream" auf Seite 16 beschrieben.

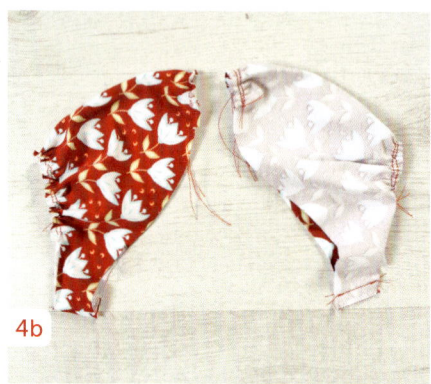

4b

4e

4c

4f

4d

APRICOT LUNA

Shirt mit Passe und Rollkragen

Größen: 34–44 • **Schwierigkeitsgrad:** ✂ • Schnittteile 3a bis 3d, 7c, 7f und 7g in Schwarz auf Bogen C

Apricot Luna ist ein tolles Shirt für Nähanfänger: Es ist leicht nachzuarbeiten und doch bietet es unendlich viele Möglichkeiten, etwas ganz Individuelles daraus zu zaubern!
Du kannst hier nach Herzenslust mit verschiedenen Mustern und Materialien arbeiten und nach deinen Vorstellungen Passe und Kragen mit Zierbändern verschönern.

Material

- 75 cm Jersey mit Rauten, 140 cm breit
- 60 cm Jersey mit Pünktchen, 140 cm breit
- 40 cm Jersey mit Streifen, 140 cm breit
- 60 cm Spitzenborte für die Passe

Zuschneiden

Nahtzugaben Schnittteile: An allen Kanten 1 cm Nahtzugabe hinzufügen.

Jersey mit Rauten (Stoff A)
- 1-mal Vorderteil 3a im Stoffbruch
- 1-mal Rückenteil 3b im Stoffbruch

Jersey mit Pünktchen (Stoff B)
- 2-mal Ärmel 7c
- 1-mal Passe 3c im Stoffbruch
- 2-mal Kragen 3d

Jersey mit Streifen (Stoff C)
- 2-mal Kragen 3d (Futter)
- 1-mal Saumbündchen 7f im Stoffbruch
- 2-mal Ärmelbündchen 7g

Zuschneideplan

Stoff A

Stoffbruch

3a

Webkante

3b

Stoffbruch

Stoff B

Stoffbruch

3c

3d

7c

Webkante

Stoff C

Stoffbruch

3d

7f

7g

Webkante

So wird's gemacht

Hinweis: Alle Nähte müssen mit einem elastischen Stich deiner Nähmaschine oder einem schmalen Zickzackstich (Stichlänge 3, Stichbreite 1) genäht werden. Verwende eine Jerseynadel.

1 Alle Teile laut Zuschneideplan zuschneiden, siehe Seite 25.

2 Passe nähen: Die Passe rechts auf rechts an das Vorderteil stecken: Außen beginnen, dann die vordere Mitte **2a** und zum Schluss jeweils den Rest dazwischen feststecken **2b**. Die Passe annähen und die Nahtzugaben zusammen versäubern. Die Naht nach außen bügeln und knappkantig absteppen **2c**. Anschließend die Spitzenborte über der Naht feststecken und annähen **2d**.

3 Die Schulternähte rechts auf rechts schließen und die Nahtzugaben zusammen versäubern. Dann die Ärmel rechts auf rechts in die Armausschnitte stecken, annähen und die Nahtzugaben zusammen versäubern. Anschließend Ärmel- und Seitennähte jeweils in einem Arbeitsgang rechts auf rechts schließen und die Nahtzugaben zusammen versäubern (siehe Modell „Purple dream", Seite 14) **3**.

4 Kragen nähen: Seitennähte von Kragen und Futterkragen schließen **4a**. Beide Kragenteile rechts auf rechts an der oberen Kante zusammenstecken **4b** und anschließend zusammennähen. Die Nahtzugaben etwas zurückschneiden und den Kragen auf rechts wenden. Die obere Kante bügeln und in Nähfußbreite absteppen **4c**. Den fertigen Kragen an den Halsausschnitt stecken: Hierfür markierst du dir mit Stecknadeln die vordere und hintere Mitte am Oberteil. Lege diese Markierungen übereinander, dadurch ergibt sich auch seitlich eine Halbierung. Hier steckst du ebenfalls zur Markierung Stecknadeln. Nun ist der Ausschnitt in genau 4 gleich große Abschnitte aufgeteilt. Die Unterkante des Kragens teilst du ebenfalls durch Stecknadelmarkierungen in 4 gleich große Abschnitte **4d**. Beim Anstecken des Kragens treffen vordere und hintere Mitte aufeinander und die Seitennähte des Kragens jeweils auf eine seitliche Markierung des Oberteils **4e**. Kragen feststeppen und die Nahtzugaben zusammen versäubern **4f**.

5 Bündchen nähen wie bei Modell „Purple dream" auf Seite 16 beschrieben.

Tipp zum Modell: Pssst… das Modell Luna ist noch immer das meistverkaufte Schnittmuster bei Miou Miou. Wie mir oft erzählt wird, haben ganz viele Hobbyschneiderinnen ihre Nähkarriere mit diesem Pulli begonnen. Deshalb darf das Miou-Miou-Lieblingsstück in diesem Buch natürlich auf keinen Fall fehlen. Viel Spaß also mit dem Topseller Luna!

2a

2b

2c

2d

3

4a

4b

4c

4d

4e

4f

SIMPLY STRIPES

Hoodie mit Schlitz und Kängurutasche

Größen: 34–44 • **Schwierigkeitsgrad:** ✂✂✂ • Schnittteile 4a bis 4e in Grau, 1c, 1f und 1g in Schwarz auf Bogen A

Dir fehlt noch ein richtig cooler Hoodie im Kleiderschrank? Kein Problem – dann setze das Kapuzenshirt mit der gemütlichen Kängurutasche doch auf deine To-Do-Liste. Der Schlitz im Vorderteil ist zwar ein bisschen tricky, doch mit der detaillierten Anleitung wirst du es ganz sicher schaffen! Mein Tipp: Probiere die Arbeitsschritte vorher an einem Stoffrest aus.

Material

- 1,40 m Streifenjersey, 140 cm breit
- 45 cm Jersey in Dunkelblau, 140 cm breit
- 40 cm Bündchenstoff, mindestens 100 cm breit (bei Schlauchware: 100 cm Umfang)
- 50 cm Webband für den Ausschnitt
- 2 Knöpfe, Ø ca. 18 mm

Tipp zum Modell: Wenn das Kapuzenshirt unkompliziert und weniger aufwendig sein soll, kannst du einfach den Schlitz weglassen. Dann ist der Pulli auch wieder für Näherinnen mit etwas weniger Näherfahrung geeignet. Beim Modell „Pusteblume" auf Seite 40 kannst du nachschauen, wie die Kapuze in dieser Variante genäht wird. Beim Zuschnitt fällt lediglich der Schlitzbeleg 4e weg, ansonsten ändert sich nichts.

Zuschneiden

Nahtzugaben Schnittteile: An allen Kanten 1 cm Nahtzugabe hinzufügen.

Streifenjersey (Stoff A)
- 1-mal Vorderteil 4a im Stoffbruch
- 1-mal Rückenteil 4b im Stoffbruch
- 2-mal Ärmel 1c
- 2-mal Kapuze 4c
- 2-mal Tasche 4d

Jersey in Dunkelblau (Stoff B)
- 1-mal Schlitzbeleg 4e im Stoffbruch
- 2-mal Kapuze 4c (Futter)

Bündchenstoff (Stoff C)
- 1-mal Saumbündchen 1f im Stoffbruch
- 2-mal Ärmelbündchen 1g

Zuschneideplan

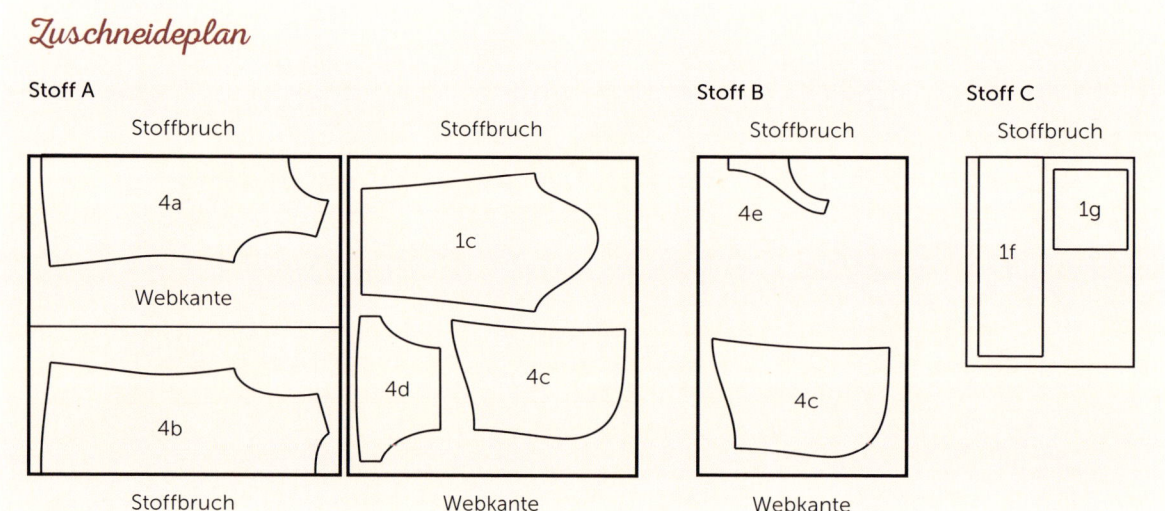

So wird's gemacht

Hinweis: Alle Nähte müssen mit einem elastischen Stich deiner Nähmaschine oder einem schmalen Zickzackstich (Stichlänge 3, Stichbreite 1) genäht werden. Verwende eine Jerseynadel.

1 Alle Teile laut Zuschneideplan zuschneiden.

2 Schlaufen anfertigen: Einen Streifen, 3 cm breit und 10 cm lang, zuschneiden **2a1**. Streifen links auf links zur Hälfte bügeln, sodass die Längskanten aufeinanderliegen **2a2**. Wieder aufklappen und die Längskanten zur Mitte hin bügeln **2a3**. Band wieder zur Hälfte legen und das Schlaufenband absteppen. Passend zu den Knöpfen 2 Schlaufen plus Nahtzugabe zuschneiden **2a4**. Es können auch Schlaufen aus einer Gummikordel verwendet werden **2a5**. Von Hand genäht entstehen auch ganz schmale Schlaufen **2b**.

3 Schlitz nähen: Die Seitenkanten und untere Kante des Schlitzbelegs versäubern. Auf die linke Stoffseite des Belegs in der Mitte die Länge des Schlitzes mit Schneiderkreide oder Trickmarker aufzeichnen. Dann rechts und links davon jeweils eine Linie im Abstand von 4 mm anzeichnen **3a**. Den Schlitzbeleg rechts auf rechts auf dem Vorderteil feststecken. Anschließend genau die vorgezeichneten Linien nachnähen, dabei am unteren Ende entsprechend ein kleines Stück quer nähen **3b**. Den Schlitz mittig zwischen den beiden Nähten und unten schräg bis dicht an die Ecken einschneiden **3c**. Die Lage der Schlaufen wie im Schnitt eingezeich-

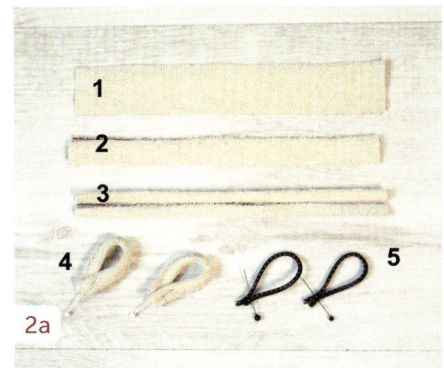

2a

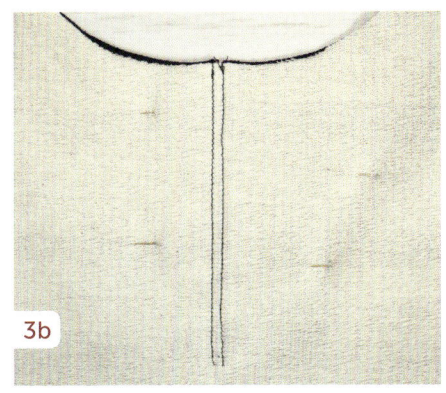

3b

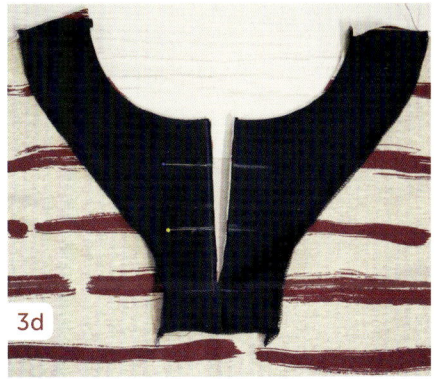

3d

2b

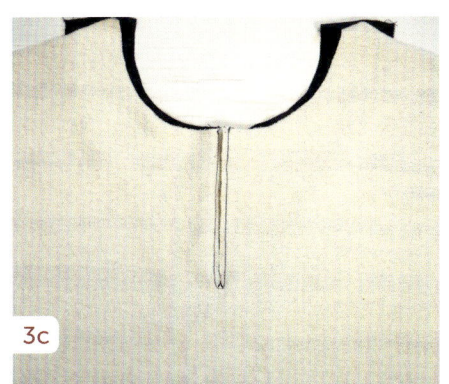

3c

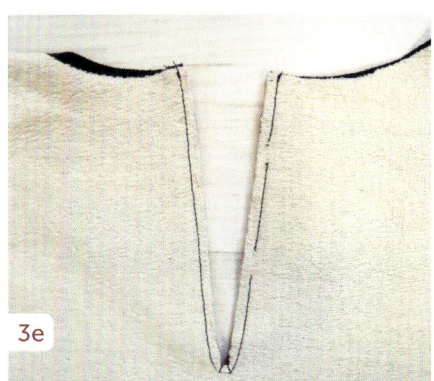

3e

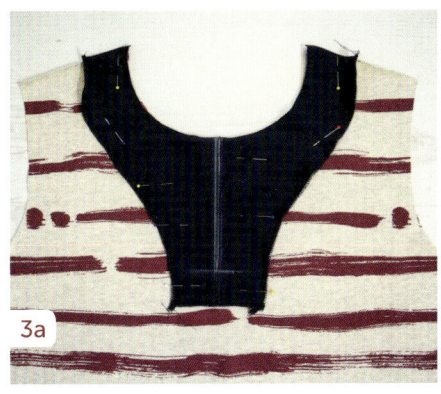

3a

net mit einer Stecknadel markieren **3d**. Dort vorsichtig 2–3 Stiche der Naht wieder auftrennen **3e**. Den Schlitz auf rechts wenden. Die fertigen Schlaufen in die kleinen Öffnungen schieben und feststecken. Den Schlitz von rechts absteppen, dabei werden die Öffnungen

mit zugenäht 3f. Für die abschließende Ziersteppung die Linien im Abstand von 3 cm zur Kante und die Spitze mit Trickmarker oder Kreide anzeichnen und nachnähen 3g. So sieht der fertige Schlitz von der linken Seite aus 3h.

4 Tasche nähen: Die beiden Taschenteile rechts auf rechts legen und bis auf die untere Kante aufeinandernähen. Die Nahtzugaben etwas zurückschneiden, die Ecken schräg wegschneiden und an den Rundungen der Tasche bis dicht an die Naht einknipsen 4a. Die Tasche wenden, bügeln und die Tascheneingriffe füßchenbreit absteppen 4b. Die Tasche mittig auf das Vorderteil stecken, sodass die Taschenunterkante bündig an der Saumkante liegt. Anschließend die Tasche an den Seiten und der Oberkante füßchenbreit feststeppen. Die Nahtenden noch einmal gesondert mit ein paar Extrastichen sichern. Die Tasche an der Saumkante auf das Vorderteil heften 4c. Die Schulternähte rechts auf rechts schließen und den Schlitzbeleg dabei mitfassen. Dann die Ärmel rechts auf rechts einstecken und einnähen, die Nahtzugaben zusammen versäubern 4d. Ärmel- und Seitennähte in einem Arbeitsgang rechts auf rechts schließen, die Nahtzugaben ebenfalls zusammen versäubern.

5 Kapuze nähen: Die Kapuzenmittelnaht an Ober- und Futterkapuze jeweils rechts auf rechts schließen 5a. Ober- und Futterkapuze an der vorderen Kante rechts auf rechts zusammennähen 5b und auf rechts wenden. Die vordere Kante bügeln und füßchenbreit absteppen 5c.

6 Am Halsausschnitt die hintere Mitte markieren. Die fertige Kapuze rechts auf rechts an den Halsausschnitt stecken. Dabei trifft die Kapuzennaht auf die hintere Mitte, die

Vorderkanten der Kapuze schließen bündig mit den Schlitzkanten ab. Die Kapuze annähen und die Nahtzugaben an der Halsrundung bis dicht an die Naht mehrmals einknipsen 6a. Zur Abdeckung der Kapuzenansatznaht das Webband über die Naht stecken und an der oberen und unteren Kante entlang aufsteppen. Dabei die Bandenden jeweils nach links einschlagen 6b.

7 Bündchen nähen, wie bei Modell „Purple dream" auf Seite 16 beschrieben.

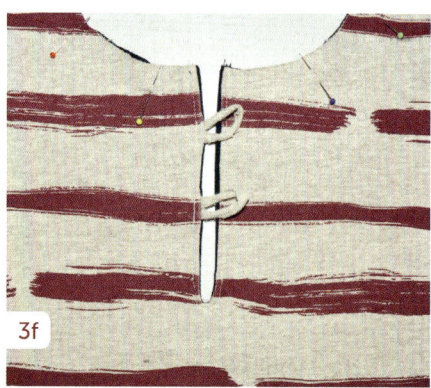
3f

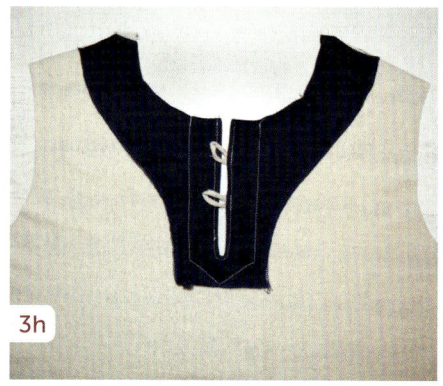
3h

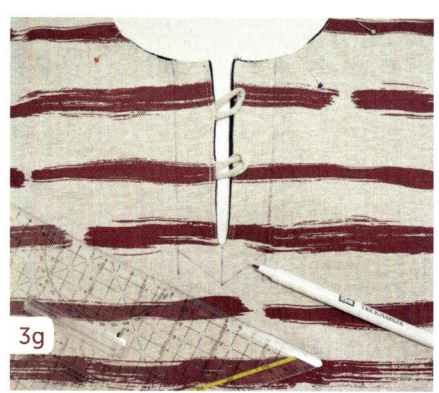
3g

4a

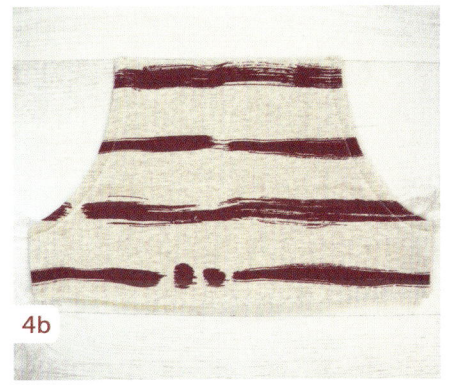

4b

5b

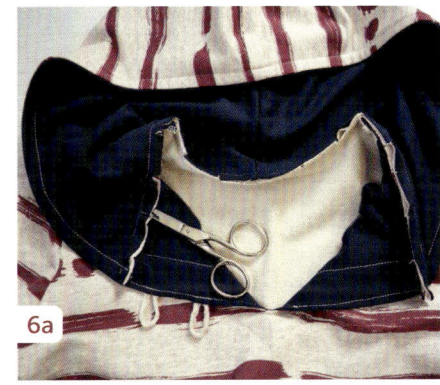

6a

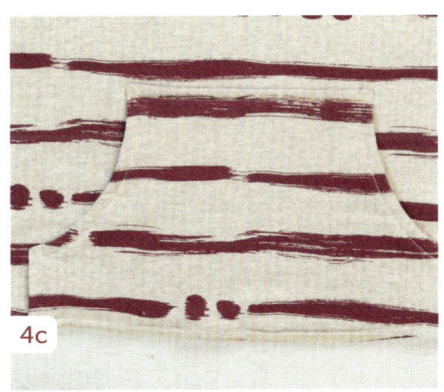

4c

5c

6b

4d

5a

STRIPES MINI

Kinder-Hoodie mit Schlitz und Kängurutasche

Größen: 104–152 • **Schwierigkeitsgrad:** ✂✂✂ • Schnittteile 5a bis h in Schwarz auf Bogen B

Material

- Streifenjersey, 140 cm breit:
  Größe 104: 85 cm, **Größe 116:** 90 cm,
  Größe 128: 95 cm, **Größe 140:** 100 cm,
  Größe 152: 120 cm
- 45 cm Jersey in Dunkelblau, 140 cm
  breit (für alle Größen)
- 50 cm Webband für den Ausschnitt
- 2 Knöpfe, ⌀ ca. 18 mm

Zuschneiden

Nahtzugaben Schnittteile: An allen
Kanten 1 cm Nahtzugabe hinzufügen.

Streifenjersey (Stoff A)
- 1-mal Vorderteil 5a im Stoffbruch
- 1-mal Rückenteil 5b im Stoffbruch
- 2-mal Ärmel 5c
- 2-mal Kapuze 5d
- 2-mal Tasche 5e

Jersey in Dunkelblau (Stoff B)
- 1-mal Schlitzbeleg 5f im Stoffbruch
- 2-mal Kapuze 5d (Futter)
- 1-mal Saumbündchen 5g im Stoffbruch
- 2-mal Ärmelbündchen 5h

So wird's gemacht

1 Alle Teile laut Zuschneideplan
zuschneiden.

2 Nähen wie beim Damenshirt
„Simply stripes" ab Seite 30
beschrieben.

Zuschneideplan

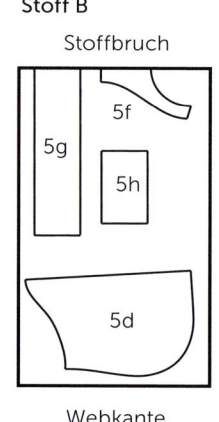

Stoff A

Stoffbruch   Stoffbruch

5a	5c
5e	
Webkante	
5b	5d

Stoffbruch   Webkante

Stoff B

Stoffbruch

5g	5f
	5h
5d	

Webkante

DOTS ALLOVER

Longsleeve mit Passe

Größen: 34–44 • Schwierigkeitsgrad: ✂ • Schnittteile 6a und 6b, 1b bis 1d, 1f und 1g in Schwarz auf Bogen A

Dieses süße Punkteshirt ist ein weiteres Must-have für Einsteiger. Wirkungsvoll mit zweierlei Stoffen kombiniert, kannst du es in tausendundeiner Variante für dich designen!

Material

- 70 cm Punkte-Jersey in Pink, 140 cm breit
- 60 cm Punkte-Jersey in Anthrazit, 140 cm breit
- 40 cm Bündchenstoff, mindestens 100 cm breit (bei Schlauchware: 100 cm Umfang)
- 50 cm Mini-Bommelborte

Zuschneiden

Nahtzugaben Schnittteile: Keine Nahtzugabe am Ausschnitt und am Einfassband, an allen anderen Kanten 1 cm Nahtzugabe hinzufügen.

Punkte-Jersey in Pink (Stoff A)

- 1-mal Vorderteil 6a im Stoffbruch
- 1-mal Rückenteil 1b im Stoffbruch
- 2-mal halbes Einfassband für den Ausschnitt 1d (in einzelner Stofflage nach Vorder- und Rückenteilzuschnitt)

Punkte-Jersey in Anthrazit (Stoff B)

- 1-mal Passe 6b im Stoffbruch
- 2-mal Ärmel 1c

Bündchen

- 1-mal Saumbündchen 1f im Stoffbruch
- 2-mal Ärmelbündchen 1g

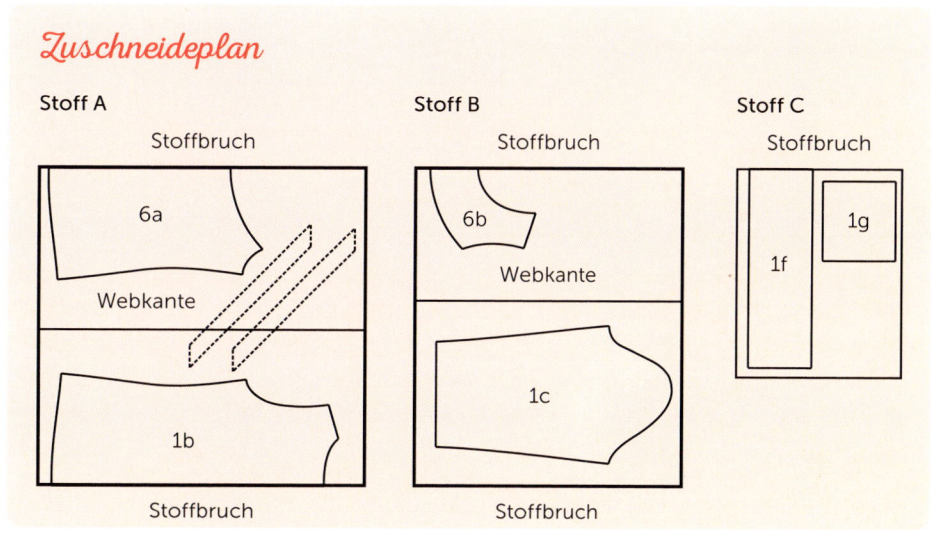

Zuschneideplan

Stoff A — Stoffbruch — 6a — Webkante — 1b — Stoffbruch

Stoff B — Stoffbruch — 6b — Webkante — 1c — Stoffbruch

Stoff C — Stoffbruch — 1f — 1g

So wird's gemacht

Hinweis: Alle Nähte müssen mit einem elastischen Stich deiner Nähmaschine oder einem schmalen Zickzackstich (Stichlänge 3, Stichbreite 1) genäht werden. Verwende eine Jerseynadel.

1 Alle Teile laut Zuschneideplan zuschneiden, siehe 37.

2 Die Passe rechts auf rechts an das Vorderteil stecken: Außen beginnen, dann die vordere Mitte feststecken **2a**. Zum Schluss den Rest dazwischen feststecken **2b**. Die Passe annähen und die Nahtzugaben zusammen versäubern. Die Kante bügeln und knappkantig absteppen **2c**. Mini-Bommelborte über der Passenansatznaht feststecken und annähen **2d**.

3 Die beiden Teile des Einfassbandes zusammennähen und dann weiterarbeiten, wie bei Modell „Purple dream" ab Seite 14 ausführlich beschrieben: Die Schulternähte schließen und den Ausschnitt einfassen. Anschließend die Ärmel einstecken und festnähen. Die Ärmel- und Seitennähte schließen und zum Schluss Saum- und Ärmelbündchen nähen.

Tipp zum Modell:

Du kannst für das Shirt auch Bündchen aus einem der beiden Hauptstoffe zuschneiden. Auch könntest du Stoffe noch peppiger mixen, indem du für die Ärmel ein drittes Design verwendest.

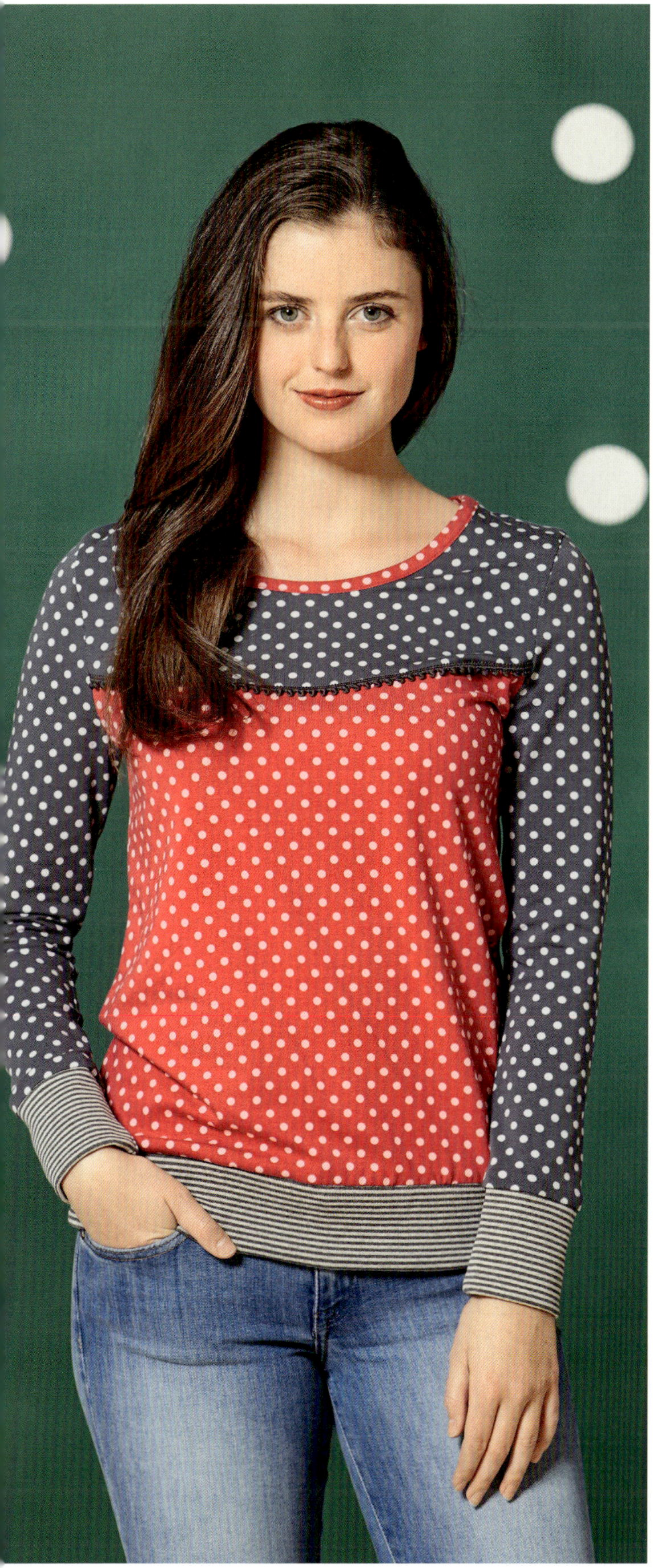
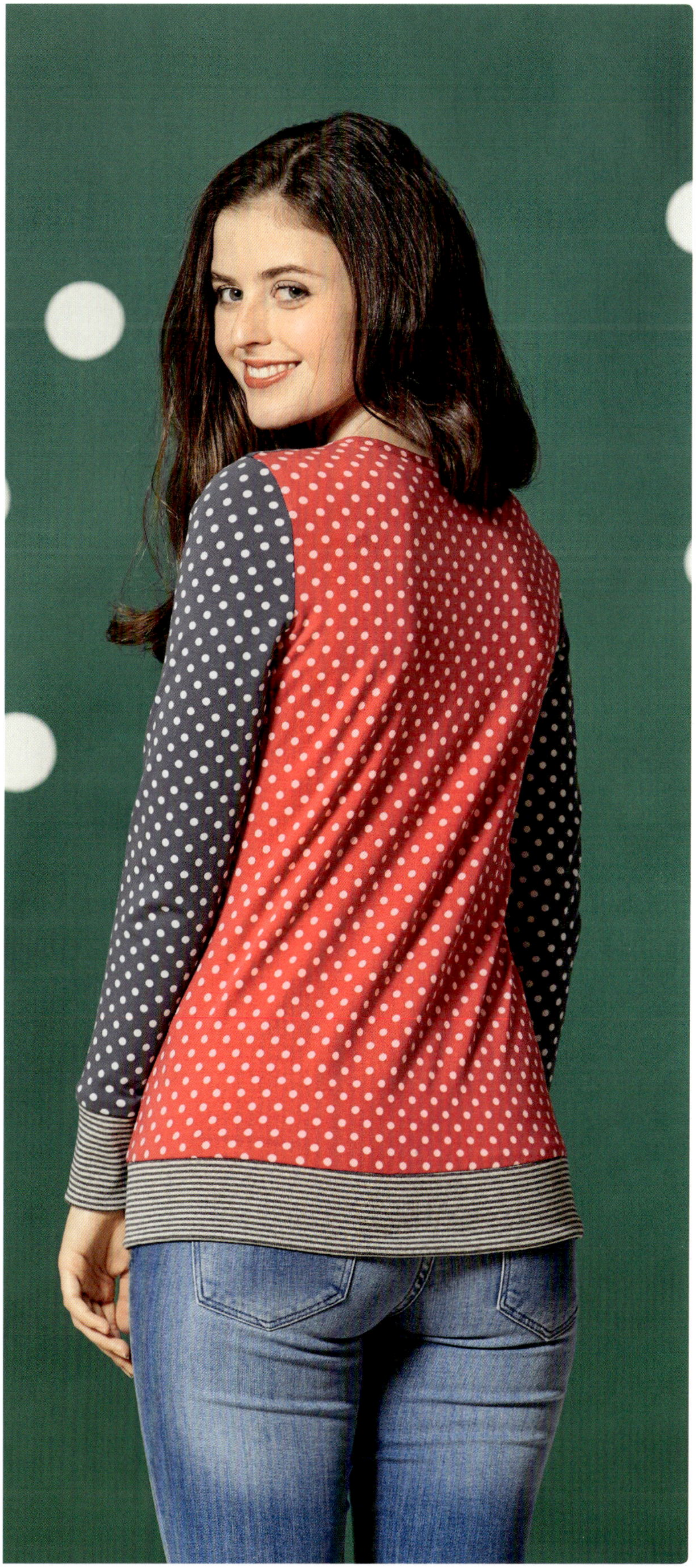

PUSTEBLUME

Hoodie mit schräger Passe

Größen: 34–44 • Schwierigkeitsgrad: ✂✂ • Schnittteile 7a bis g in Schwarz auf Bogen C

*Willst du das gewisse Etwas, hast aber nicht ewig Zeit an der Nähmaschine zu sitzen?
Dann ist dieser Hoodie im asymmetrischen Zuschnitt perfekt für Dich!
Der Schnitt ist einfach nachzuarbeiten, doch kontrastreiche Stoffauswahl,
zweifarbige Ärmel und schräge Passe setzen optisch die besonderen Akzente!*

Material

- 135 cm Jersey mit Pusteblumen, 140 cm breit
- 85 cm Jersey in Hellblau-mélange, 140 cm breit
- 50 cm Webband für die Passe
- Reststück SnapPap und Ausstanzer Stern, falls gewünscht

Tipp zum Modell: Dieses Modell kannst du auch perfekt als Basicmodell für gemusterte Stoffe verwenden. Schneide das Vorderteil ohne Passe zu. Dazu nimmst Du einfach die vordere Mitte als Stoffbruch. Mehr Schnitt braucht's dann nicht!

Zuschneiden

Nahtzugaben Schnittteile: An allen Kanten 1 cm Nahtzugabe hinzufügen.

Jersey mit Pusteblumen (Stoff A)
- 1-mal Vorderteil 7a (in einzelner Stofflage zuschneiden)
- 1-mal Rückenteil 7b im Stoffbruch
- 1-mal Ärmel 7c (linker Ärmel, in einzelner Stofflage zuschneiden)
- 2-mal Kapuze 7d

Jersey Hellblau-mélange (Stoff B)
- 1-mal Ärmel 7c (rechter Ärmel, in einzelner Stofflage zuschneiden)
- 1-mal Passe 7e (in einzelner Stofflage zuschneiden)
- 2-mal Kapuze 7d (Futter)
- 1-mal Saumbündchen 7f im Stoffbruch
- 2-mal Ärmelbündchen 7g

Zuschneideplan

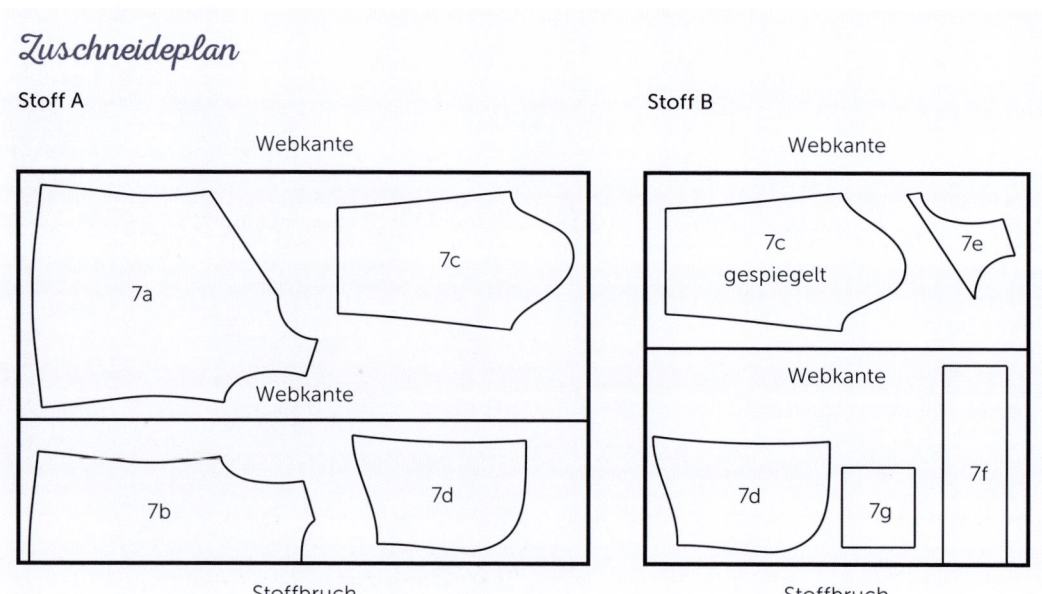

Stoff A — Webkante / Webkante / Stoffbruch — 7a, 7c, 7b, 7d

Stoff B — Webkante / Webkante / Stoffbruch — 7c gespiegelt, 7e, 7d, 7g, 7f

So wird's gemacht

Hinweis: Alle Nähte müssen mit einem elastischen Stich deiner Nähmaschine oder einem schmalen Zickzackstich (Stichlänge 3, Stichbreite 1) genäht werden. Verwende eine Jerseynadel.

1 Alle Teile laut Zuschneideplan zuschneiden.

2 Passe nähen: Die Passe rechts auf rechts an das Vorderteil nähen **2a**. Die Nahtzugaben zusammen versäubern, zu einer Seite bügeln und anschließend das Webband knapp unterhalb der Naht aufnähen **2b**.

3 Die Schulternähte schließen. Anschließend die Ärmel einstecken und einnähen. Ärmel- und Seitennaht in einem Arbeitsgang schließen (ausführlich beschrieben ist das beim Modell „Purple dream" auf Seite 14) **3**.

4 Kapuze nähen: Die Kapuzenmittelnaht an Ober- und Futterkapuze rechts auf rechts schließen **4a**. Ober- und Futterkapuze an der vorderen Kante rechts auf rechts zusammennähen. Die Kapuze auf rechts wenden und die vordere Kante füßchenbreit absteppen **4b**. Kapuzenenden an der vorderen Mitte 1,5 cm weit übereinanderlegen und festheften **4c**. Die Kapuze rechts auf rechts in den Halsausschnitt nähen und die Nahtzugaben zusammen versäubern **4d**.

2a

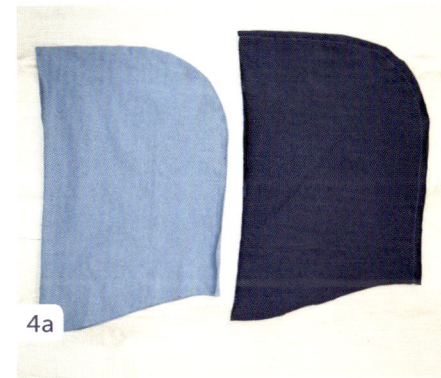

4a

2b

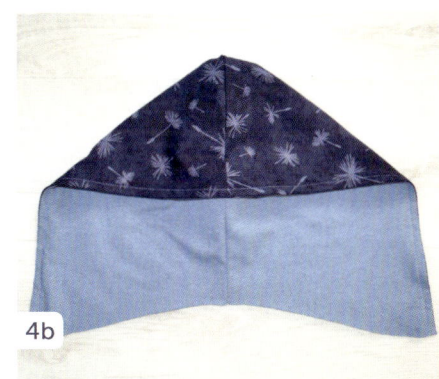

4b

3

4c

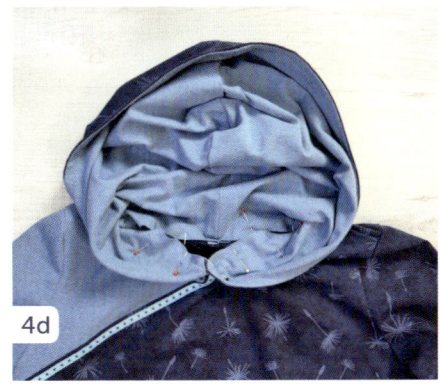

4d

5 Bündchen nähen, wie bei Modell „Purple dream" auf Seite 16 be- schrieben.

6 Aus SnapPap Rechtecke in der gewünschten Größe ausschnei- den, jeweils einen Stern ausstanzen und die Stücke auf die Bündchen nähen, siehe Foto Seite 40.

FLY AWAY

Kapuzenjacke mit schräger Passe und schrägen Ärmeleinsätzen

Größen: 34–44 • **Schwierigkeitsgrad:** ✂✂✂ • Schnittteile 8a bis 8d, 7b und 7d bis 7g in Schwarz auf Bogen C

Wenn du schon Näherfahrung hast und mal etwas Besonderes für dich in Angriff nehmen möchtest, dann ist diese wunderschöne Kapuzenjacke ein tolles Projekt für dich! Der asymmetrische Schnitt ist leicht nachzuarbeiten, doch der Reißverschluss erfordert ein wenig Übung. Wie das genau geht, siehst du in der detaillierten Anleitung.

Material

- 1,35 m Jersey mit Pusteblumen, 140 cm breit
- 45 cm geringelter Jersey, 140 cm breit
- 40 cm Bündchenstoff, mindestens 100 cm breit
  (bei Schlauchware: 100 cm Umfang)
- Teilbarer Kunststoff-Reißverschluss,
  mindestens 70 cm, Länge wird angepasst
- 180 cm Webband zur Abdeckung von
  Reißverschluss und Ausschnittkante

Tipp zum Modell: Dieses Modell kannst du perfekt als Basicmodell für gemusterte Stoffe verwenden. Schneide Vorderteil und Ärmel komplett, also ohne die Schnittabtrennungen zu. So eignet sich der Schnitt auch bestens für stark gemusterte Dessins, bei denen die zusätzlichen Nähte nur stören würden!

Zuschneiden

Nahtzugaben Schnittteile: An der vorderen Kante für den Reißverschluss 1,5 cm, an allen anderen Kanten 1 cm Nahtzugabe hinzufügen.

Jersey mit Pusteblumen (Stoff A)
- 1-mal Vorderteil 8a (in einzelner Stofflage)
- 1-mal Vorderteil 8b (in einzelner Stofflage)
- 1-mal Rückenteil 7b im Stoffbruch
- 2-mal Ärmel 8c
- 2-mal Kapuze 7d

Geringelter Jersey (Stoff B)
- 1-mal Passe 7e (in einzelner Stofflage)
- 2-mal Ärmeleinsatz 8d
- 2-mal Kapuze 7d (Futter)

Bündchenstoff (Stoff C)
- 1-mal Saumbündchen 7f im Stoffbruch
- 2-mal Ärmelbündchen 7g

Zuschneideplan

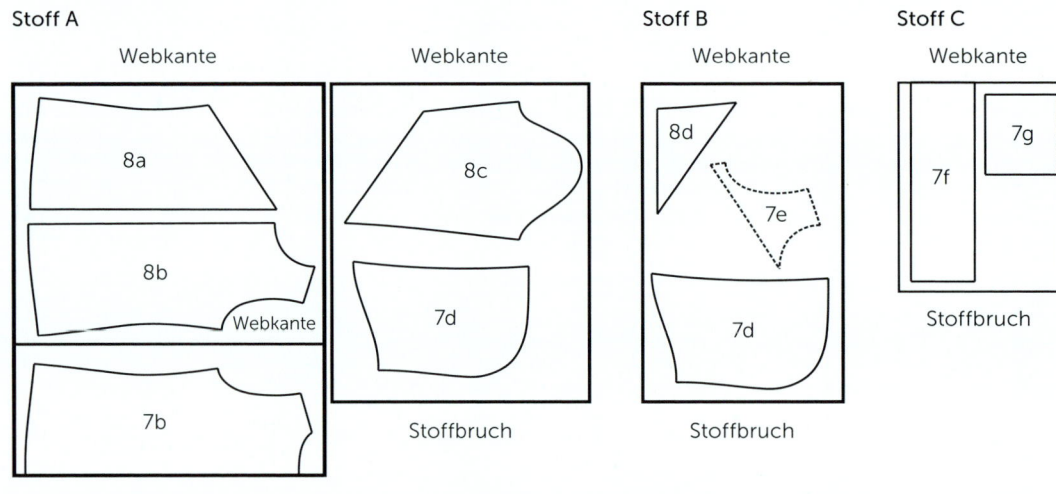

So wird's gemacht

Hinweis: Alle Nähte müssen mit einem elastischen Stich deiner Nähmaschine oder einem schmalen Zickzackstich (Stichlänge 3, Stichbreite 1) genäht werden. Verwende eine Jerseynadel.

1 Alle Teile laut Zuschneideplan zuschneiden.

2 Die Ärmeleinsätze jeweils rechts auf rechts an die Ärmel nähen.

Die Nahtzugaben zusammen versäubern, zu einer Seite bügeln und absteppen **2a**. Die Passe rechts auf rechts an das rechte Vorderteil nähen und absteppen **2b**. Die Schulternähte schließen, die Ärmel einnähen und anschließend Ärmel- und Seitennähte in einem Arbeitsgang schließen **2c**.

3 Die Kapuzenmittelnaht an Ober- und Futterkapuze rechts auf rechts schließen. Ober- und Futterkapuze an der vorderen Kante rechts auf rechts zusammennähen, Kapuze wenden und die vordere Kante absteppen (siehe auch Modell „Simply stripes", Seite 32). Die Kapuze rechts auf rechts an den Halsausschnitt stecken, aber mit 1,5 cm Abstand zur vorderen Kante (das entspricht der Nahtzugabe) **3**. Die Kapuze annähen.

4 **Saumbündchen annähen:** Damit die Weite des Bündchens gleichmäßig eingehalten werden kann, wird das Bündchen genau in 4 Viertel eingeteilt: also das Bündchen ausmessen und oben und unten bei jedem Viertel eine Stecknadel stecken. Beim Jackensaum ebenso vorgehen. Nun eine lange Seite des offen liegenden Bündchens erst an den Viertelmarkierungen rechts auf rechts an den Jackensaum stecken, dann den Rest zwischen den Markierungen gedehnt an den Saum stecken **4** und feststeppen.

5 Tipp zur Reißverschlusslänge: Da man den Reißverschluss selten in exakt der benötigten Länge zu kaufen bekommt, nimmt man diesen einfach ein paar Zentimeter länger als benötigt (ist bei der Materialangabe schon berücksichtigt) und schneidet nach dem Anpassen das Überstehende an der oberen Kante ab.

6 Reißverschluss nähen – Schritt 1: Der Reißverschluss wird in zwei Arbeitsschritten angenäht. Den teilbaren Reißverschluss ganz öffnen und zuerst die linke Seite im Abstand von 0,5 cm zur Schnittkante rechts auf rechts an die vordere Kante stecken. Der Reißverschluss reicht unten genau bis zur Mitte des Bündchens und die Zähnchen zeigen zur Jacke! Oben wird der Reißverschluss, wie schon erwähnt, etwas überstehen. Den Reißverschluss feststecken. Anschließend mit der zweiten Seite des Reißverschlusses ebenso verfahren. Dann kontrollieren, ob beim Schließen des Reißverschlusses beide Seiten auf der gleichen Höhe liegen, oben und unten passend abschließen und auch der Bündchenansatz exakt

auf der gleichen Höhe liegt. Passt es nicht, erst nachbessern. Ist alles korrekt, heftest du den Reißverschluss fest **6a**. Mit dem Reißverschlussfüßchen nun beide Seiten des gehefteten Reißverschlusses festnähen: Das erste Stück bis zum Zipper nähen **6b**, dann die Nadel im Stoff stecken lassen, das Füßchen anheben, den Zipper am Füßchen vorbei nach oben

3

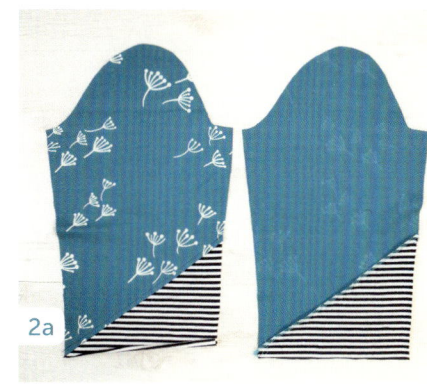

2a

4

2b

6a

2c

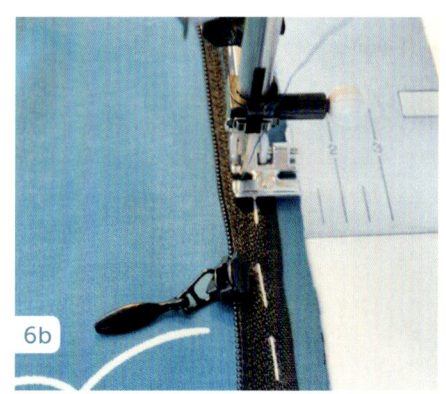

6b

schieben **6c** und bis zum unteren Ende weiternähen. Jetzt das überstehende obere Ende des Reißverschlusses oberhalb der Nahtzugabe abschneiden.

7 Zur Abdeckung der Reißverschlusskante kann noch ein Webband aufgesteppt werden. Hierzu das Band über die Nahtkante stecken und feststeppen **7a**. An der offenen Bündchenkante jeweils die äußeren 10 cm versäubern. Zur Fertigstellung des Bündchens die noch lose Bündchenkante links auf links an den Jackensaum stecken und bis auf ca. 5 cm am Anfang und Ende annähen. Als Hilfsnaht dient hierbei die schon vorher genähte Naht! Anschließend die Nahtzugaben des Bündchens an den vorderen Kanten einschlagen und feststecken **7b**.

8 Reißverschluss nähen – Schritt 2. Die vordere Kante nach innen umlegen, sodass die Reißverschlusszähnchen den Abschluss bilden. Den Reißverschluss mit der umgelegten Kante am besten wieder festheften und anschließend von oben nach unten, auf der anderen Seite von unten nach oben, festnähen **8**. Falls deine Nähmaschine über einen Oberstofftransporteur verfügt und du schon ein wenig Übung hast, ist das Heften evtl. nicht nötig.

9 Kapuzennaht: Die Nahtzugaben der Kapuze bis dicht an die Naht im Abstand von ca. 2 cm einknipsen. Anschließend die Nahtzugaben zur Jacke hin legen und zur Abdeckung ebenfalls ein Webband über der An-

satznaht feststecken. Das Band wird hierbei am Anfang und Ende sauber nach links eingeschlagen und anschließend an der oberen und unteren Kante entlang aufgesteppt **9**.

10 Um das noch offene Stück Naht am Anfang und Ende des Bündchens zu schließen, wird die Nahtzugabe des Bündchens nach oben zur Jacke hin gelegt und anschließend werden alle Lagen knapp oberhalb der Bündchenansatznaht abgesteppt **10**.

11 Die Ärmelbündchen, wie bei Modell „Purple dream" auf Seite 16 beschrieben, annähen.

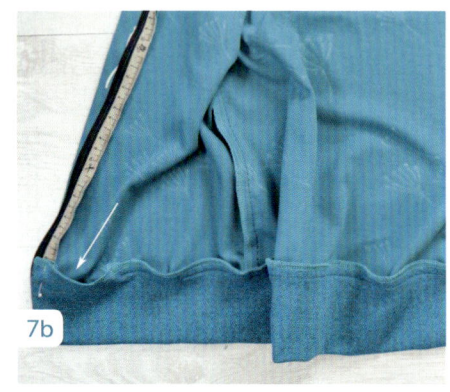

7b

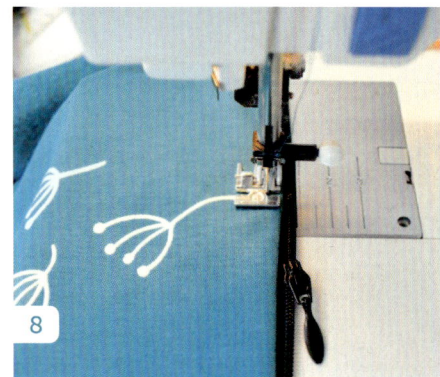

8

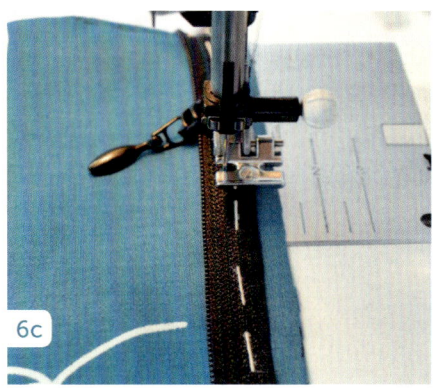

6c

9

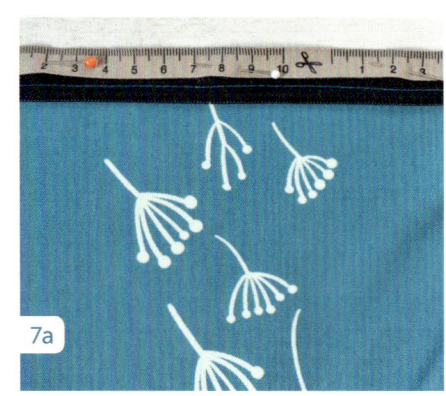

7a

10

COTTON CANDY

Kurzarmshirt mit rundem Ausschnitt, Puffärmeln und Zierschleife

Größen: 34–44 • **Schwierigkeitsgrad:** ✂ • Schnittteile 9a bis 9g in Schwarz auf Bogen B

Als Basic-Shirt für den Sommer kannst du dieses Traumteilchen in zig Varianten nähen!
Egal ob dein Lieblingsstoff hierfür uni, bunt oder auch geringelt ist... es lässt sich immer perfekt
zu Röcken und Hosen kombinieren und macht garantiert eine gute Figur!

Material

- 90 cm Streifenjersey, 140 cm breit
- 10 cm geblümter Baumwollstoff, 140 cm breit
- 40 cm Bündchen (Schlauchware, 70 cm Umfang)

Zuschneiden

Nahtzugaben Schnittteile: An allen Kanten
1 cm Nahtzugabe hinzufügen.
Streifenjersey (Stoff A)

- 1-mal Vorderteil 9a im Stoffbruch
- 1-mal Rückenteil 9b im Stoffbruch
- 2-mal Ärmel 9c

Geblümter Baumwollstoff (Stoff B)

- 1x Schleife 9f (in einfacher Stofflage)

Bündchenstoff (Stoff C)

- 1-mal Saumbündchen 9g im Stoffbruch
- 1-mal Ausschnittbündchen 9d im Stoffbruch
- 2-mal Ärmelbündchen 9e

Zuschneideplan

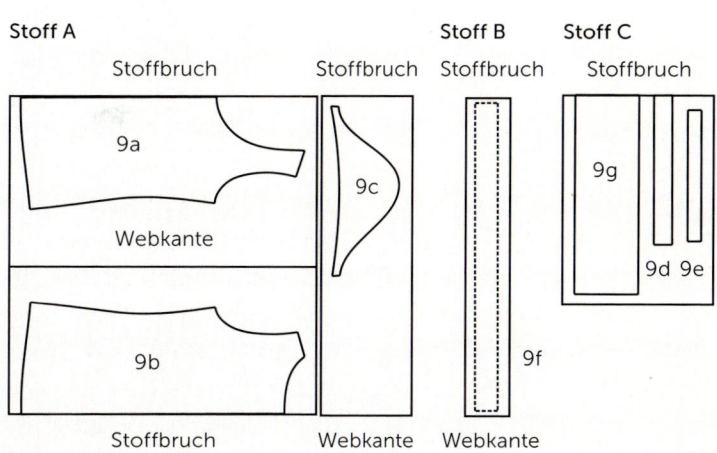

So wird's gemacht

Hinweis: Alle Nähte müssen mit einem elastischen Stich deiner Nähmaschine oder einem schmalen Zickzackstich (Stichlänge 3, Stichbreite 1) genäht werden. Verwende eine Jerseynadel.

1 Alle Teile laut Zuschneideplan zuschneiden, siehe Seite 51.

2 Schulter- und Seitennähte jeweils rechts auf rechts schließen und die Nahtzugaben zusammen versäubern **2**.

3 Bündchen vorbereiten: Halsausschnitt-, Ärmel- und Saumbündchen jeweils rechts auf rechts an den kurzen Seiten zum Ring schließen **3** und die Nahtzugaben auseinanderbügeln. Anschließend die Bündchen jeweils links auf links zur Hälfte legen, sodass die Längskanten aufeinanderliegen, und mit Stecknadeln fixieren.

4 Ausschnittbündchen: Treffe folgende Vorbereitungen zum Anstecken des Bündchens: Markiere mit Stecknadeln die vordere und hintere Mitte an Halsausschnitt und Bündchen (hier ist die hintere Mitte = Naht). Lege diese Markierungen jeweils übereinander, dadurch ergeben sich auch seitlich Halbierungen, markiere auch diese. Nun sind der Ausschnitt und das Bündchen in genau 4 gleich große Abschnitte aufgeteilt. Stecke anschließend das Bündchen an den Ausschnitt, hierbei treffen vordere/ hintere Mitte und die seitlichen Markierungen jeweils aufeinander. Anschließend in den Zwischenräumen den Stoff leicht dehnen, ebenfalls stecken und feststeppen. Die Naht-

zugaben zusammen versäubern, zum Vorder- bzw. Rückenteil bügeln und knappkantig feststeppen **4**.

5 Saumbündchen: Gehe beim Vorbereiten und Anstecken des Bündchen genauso vor wie beim Ausschnittbündchen, allerdings trifft hier die Naht des Bündchens auf die Seitennaht des Oberteils **5**.

6 Kräuselärmel nähen: Beide Ärmel an der Armkugel laut Markierung auf dem Schnitt einkräuseln (siehe auch „Was du wissen solltest", Seite 11). Die Unterfäden der Kräuselnähte leicht anziehen. Die Ärmelnähte rechts auf rechts schließen und die Nahtzugaben jeweils zusammen versäubern **6a**. Die Hälfte der Saumweite an den Ärmeln mit einer Stecknadel markieren. Jeweils die Hälfte der Ärmelbündchenweite ebenfalls mit einer Stecknadel markieren. Die Bündchen an den Ärmelsäumen feststecken, zuerst an den Seitennähten und den Markierungen, dann die restliche Strecke dazwischen leicht dehnen und ebenfalls feststecken. Das Bündchen feststeppen und die Nahtzugaben zusammen versäubern. Die Ärmel rechts auf rechts in die Armausschnitte stecken. Hierbei treffen die Seitennähte und die Schulterpunkte von Oberteil und Ärmel jeweils aufeinander **6b**. Anschließend erst den unteren Teil, ohne die Kräuselung, feststecken, dann die Kräuselfäden so weit anziehen, dass die Armkugel genau ins Armloch passt. Fadenenden der Kräuselnähte verknoten, die Kräuselweite gleichmäßig verteilen und die Ärmel einnähen **6c**. Die Nahtzugaben zusammen versäubern.

7 Zierschleife nähen: Die Längskanten am Band für die Schleife jeweils 1 cm breit nach links umbügeln. Dann die Schmalseiten 1 cm breit nach links umbügeln. Anschließend das Band links auf links zur Hälfte bügeln, sodass die eingeschlagenen Längskanten bündig aufeinanderliegen **7a**. Die Lagen aufeinanderstecken und das Band rundherum knappkantig absteppen. Das Band zur Schleife binden und mit ein paar Handstichen fixieren **7b**. Die Schleife von Hand auf dem Vorderteil aufnähen oder mit einer kleinen Sicherheitsnadel versehen und am Ausschnitt befestigen.

4

6c

7b

5

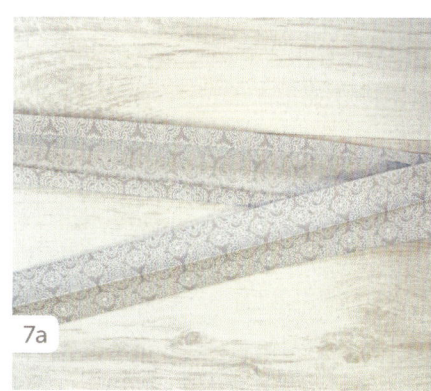

7a

Tipp zum Modell: Wenn du Cotton candy als Longsleeve nähen möchtest, kannst du hierfür den Ärmel 1c und die Ärmelbündchen 1g von Modell Purple dream verwenden. Diese findest du auf Schnittbogen A.

6a

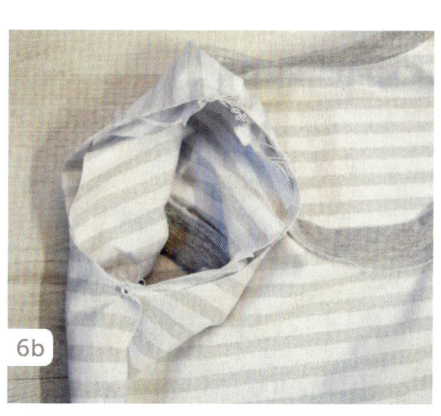

6b

RAINDROPS

Kapuzenjacke mit hohem Steg und halbrunden Seitentaschen

Größen: 34–44 • Schwierigkeitsgrad: ✂✂✂

Schnittteile 10a und 10b, 16c, 16e, 16h und 16i in Schwarz 16b und 16f in Grau auf Bogen D

Wenn Du das Modell „Feathers and dreams" genäht hast, könnte diese Kapuzenjacke anschließend dein Masterpiece werden! Der Reißverschluss ist zwar ein bisschen tricky, doch keine Sorge, die detaillierte Anleitung wird dich sicher ans Näh-Ziel führen.

Material

- 1,35 m Jersey mit Tropfen, 140 cm breit
- 45 cm Jersey in Petrol, 140 cm breit
- 45 cm Bündchenstoff, mindestens 100 cm breit
  (bei Schlauchware: 100 cm Umfang)
- 2 Ösen zum Einschlagen, Ø 11 mm
- 110 cm Kordel
- Teilbarer Kunststoff-Reißverschluss,
  mindestens 75 cm lang, Länge wird angepasst
- Reststück Leder oder waschbares Papier
  in Lederoptik (SnapPap), ca. 10 x 10 cm
- 180 cm Zierband zur Reißverschlussabdeckung

Tipp zum Modell: Dein erster Reißverschluss?
Damit sich der Jersey beim Einnähen nicht so leicht
dehnt (was er nicht soll, weil sich der Reißverschluss
dann wellt), kannst Du an den vorderen Kanten auf die
linke Stoffseite Formband aufbügeln. Das macht das
Einnähen leichter.

55

Zuschneiden

Nahtzugaben Schnittteile: An den vorderen Kanten von Vorderteil und Kapuze 1,5 cm, an allen anderen Kanten 1 cm Nahtzugabe hinzufügen.

Jersey mit Tropfen (Stoff A)
- 2-mal Vorderteil 10a
- 1-mal Rückenteil 16b im Stoffbruch
- 2-mal Ärmel 16c
- 2-mal Kapuze 16e
- 2-mal Taschenbeutel 16f

Jersey in Petrol (Stoff B)
- 2-mal Kapuze 16e (Futter)

Bündchenstoff (Stoff C)
- 1-mal Saumbündchen 16h im Stoffbruch
- 2-mal Ärmelbündchen 16i
- 2-mal Taschenbündchen 10b

Aus SnapPap/Leder:
- 2 Quadrate à 3 x 3 cm

Zuschneideplan

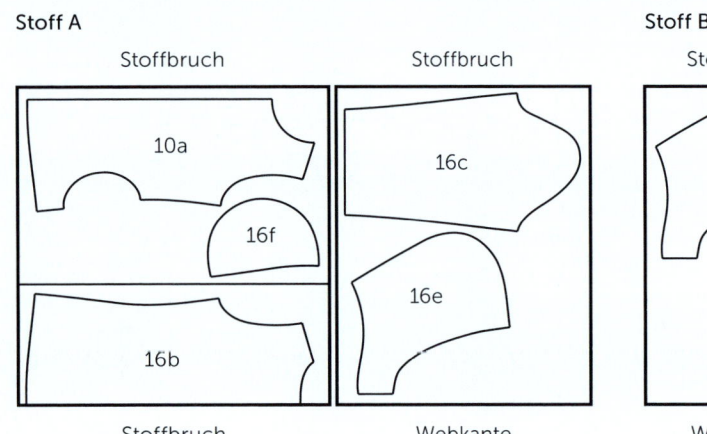
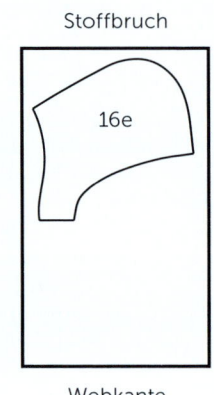
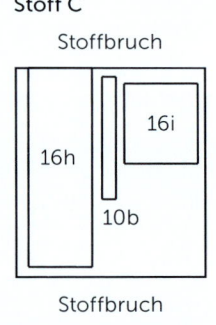

Stoff A Stoffbruch Stoffbruch — 10a, 16f, 16c, 16e, 16b — Stoffbruch, Webkante

Stoff B Stoffbruch — 16e — Webkante

Stoff C Stoffbruch — 16h, 16i, 10b — Stoffbruch

So wird's gemacht

Hinweis: Alle Nähte müssen mit einem elastischen Stich deiner Nähmaschine oder einem schmalen Zickzackstich (Stichlänge 3, Stichbreite 1) genäht werden. Verwende eine Jerseynadel.

1 Alle Teile laut Zuschneideplan zuschneiden.

2 **Seitentaschen nähen:** Taschenbündchen jeweils links auf links der Länge nach doppelt legen und die Längskanten grob mit Stecknadeln aufeinander fixieren. Dann gleichmäßig gedehnt an den Tascheneingriff stecken und annähen **2a**. Die Naht versäubern, das Bündchen nach außen wenden, die Tascheneingriffe bügeln und nach Wunsch absteppen **2b**. Nun für die Lage des Taschenbeutels auf der Innenseite jeweils 2 cm ober- und unterhalb der Taschennaht eine Stecknadel zur Markierung anbringen: Hier beginnt und endet der Taschenbeutel **2c**. Taschenaußenkanten versäubern und dann jeweils auf der linken Seite des Vorderteils feststecken. Hierbei ist jeweils die rechte Seite des Taschenbeutels durch den Eingriff von außen sichtbar und die Kanten der Taschenbeutel treffen genau auf die Markierungen. Die Taschenbeutel von links in Nähfußbreite an der Außenkante entlang aufnähen **2d**. Fertig genäht sehen die Seitentaschen aus, wie auf der Abbildung zu sehen **2e**.

3 Die Schulternähte rechts auf rechts schließen und die Nahtzugaben zusammen versäubern. Dann die Ärmel rechts auf rechts in die Armausschnitte stecken, annähen und die

Nahtzugaben zusammen versäubern. Anschließend jeweils Ärmel- und Seitennaht in einem Arbeitsgang rechts auf rechts schließen und die Nahtzugaben zusammen versäubern (siehe Modell „Purple dream", Seite 14) **3**.

4 Kapuze vorbereiten und Ösen anbringen: Die Oberstoff- und Futterkapuzenteile jeweils rechts auf rechts an der Mittelnaht zusammennähen **4a**. Dann die Markierungen für die Quadrate laut Schnittmuster auf die Oberstoffkapuze übertragen, z.B. mit einem Trickmarker. Die Quadrate entsprechend platzieren, diese erst einmal rundherum aufsteppen (nur auf den Oberstoff!) und anschließend noch einmal kreuzförmig zu den Ecken hin absteppen. Nun die Löcher für die Ösen stanzen und danach die Ösen anbringen.

2c

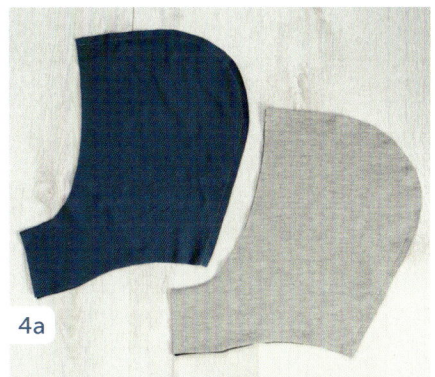
4a

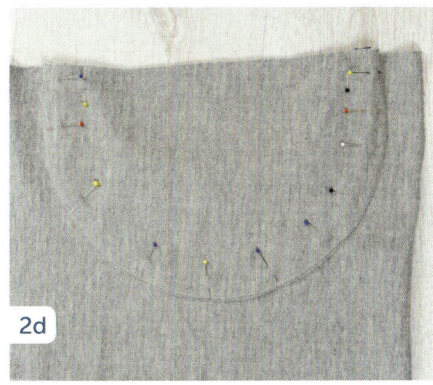
2d

2a

2e

2b

3

Bitte hierzu auch die Anleitung des Ösen-Herstellers beachten **4b**. Weitere Erläuterungen zu den Ösen findest du auch bei Modell „Starlight", Seite 68.

5 **Kapuze nähen:** Anschließend Oberstoff- und Futterkapuze an der Gesichtsöffnung rechts auf rechts aufeinanderstecken und zusammennähen. Die Nahtzugaben im Bereich der Rundung im Abstand von 1,5 cm bis dicht an die Naht einknipsen (siehe auch unter „Was du wissen solltest", Stichwort: Verstürzen, Seite 10) **5a**. Die Kapuze auf rechts wenden, die Gesichtsöffnung bügeln und mit Stecknadeln fixieren **5b**. Die Oberstoffkapuze passgenau bis zur vorderen Kante an den Halsausschnitt des Oberteils stecken und annähen **5c**.

6 **Tipp zur Reißverschlusslänge:** Da man den Reißverschluss selten in exakt der benötigten Länge zu kaufen bekommt, nimmt man diesen einfach ein paar Zentimeter länger als benötigt (ist bei der Materialangabe schon berücksichtigt) und schneidet nach dem Anpassen das Überstehende an der oberen Kante ab. Damit der Reißverschluss in der oberen Ecke noch sauber eingeschlagen werden kann, schneidest du ihn aber nicht zu knapp ab, sondern lässt eine Mehrlänge von 2 cm nach oben hin stehen!

7 **Reißverschluss und Annähen des Bündchens:** Das Annähen des Saumbündchens, das Einnähen des Reißverschlusses in Schritt 1 und das Aufnähen des Zierbands sind beim Jackenmodell „Fly away" ausführlich in den Abschnitten 4–7 ab Seite 46 erklärt. Bitte blättere einfach zurück und schaue dort nach, wie du vorgehen sollst. Denke beim Punkt „Reißverschluss kürzen" unbedingt daran, 2 cm Mehrlänge nach oben hin stehen zu lassen! Mit angenähtem Webband und eingeschlagener Nahtzugabe sieht die Jacke im Saumbereich nun aus wie auf Abbildung **7**.

8 **Fertigstellung Kapuze:** Die Nahtzugabe des Halsausschnitts im Abstand von 1,5 cm bis dicht an die Naht einknipsen. Die untere Kante der Futterkapuze an die Naht des Halsausschnitts stecken und diese anschließend genau auf der bereits genähten Ausschnittnaht festnähen, hierbei aber für den folgenden Arbeitsgang die ersten und letzten 8 cm am Anfang und Ende der Naht offen lassen **8a**! Nun wird die Kante oben am Reißverschluss sauber eingeschlagen: Hierfür wird die vordere Kante mit Reißverschluss nach innen umgelegt, sodass die Reißverschlusszähnchen den äußeren Abschluss bilden. Anschließend das obere Ende des Reißverschlusses nach innen einschlagen. Dann die vordere Nahtzugabe der Futterkapuze nach links einschlagen und über dem Reißverschluss feststecken, dabei auch die noch offenen Enden der Kapuzenansatznaht mit feststecken.

9 **Reißverschluss nähen, Schritt 2:** Die umgelegte Kante inklusive Reißverschluss mit Reihgarn festheften (siehe auch unter „Was du wissen solltest", Seite 10) und anschließend von oben nach unten, auf der anderen Seite von unten nach oben festnähen. Um das noch offene Stück Naht am Anfang und Ende des Bündchens zu schließen, wird die Nahtzugabe des Bündchens nach oben zur Jacke hin gelegt, das offene Stück jeweils passend festgesteckt und anschließend die Naht von rechts knapp oberhalb der Bündchenkante durchgesteppt (siehe auch Modell „Fly away", Seite 48, Punkt 10).

10 Die Kapuze in einem Abstand von 3 cm absteppen **10**. Beginn und Ende der Steppnaht ist jeweils 2 cm vor bzw. hinter der Öse.

11 Zur Abdeckung der Halsrundung kann ebenfalls ein Zierband über die Kapuzenansatznaht gesteckt und aufgenäht werden. Das Band wird hierbei am Anfang und Ende sauber eingeschlagen und anschließend entlang der oberen und unteren Kante festgenäht (siehe auch Modell „Fly away", Seite 48). Fertig genäht sieht der Halsausschnitt dann aus wie auf Abbildung **11**. Zum Schluss noch die Kordel mithilfe einer Sicherheitsnadel einziehen und die Enden mit einem Stück SnapPap oder Leder einfassen.

4b

7

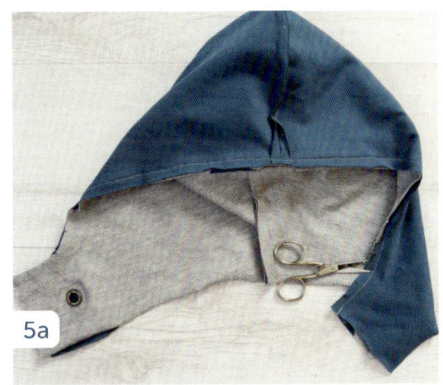

5a

8a

5b

10

5c

11

ANCHOR GIRL

Shirt mit U-Boot-Ausschnitt, Passe und ¾-Ärmel

Größen: 34–44 • **Schwierigkeitsgrad:** ✂ • Schnittteile 11a bis 11d in Schwarz, 15c und 15d in Grau auf Bogen B

Wie eine frische Brise und herrlich maritim zeigt sich dieses Shirt mit U-Boot-Ausschnitt und ¾-langen Ärmeln. Das hippe Ankermotiv kombinierst du einfach mit einem Ringeljersey und der angesagte Sailor-Look ist perfekt! Für einzigartige Mama-Tochter-Outfits gibt es zum Anchor girl auch das entsprechende Kindershirt: Anchor mini auf Seite 64!

Material

- 1,30 m roter Jersey mit Ankermotiv, 140 cm breit
- 30 cm Ringeljersey in Rot-weiß, 140 cm breit

Tipp zum Modell: Es muss ja nicht unbedingt maritim sein. Wähle zwei Jerseystoffe aus, die gut zusammen harmonieren oder aber einen tollen Kontrast zueinander bilden. Du kannst das Shirt auch als Basic-Teil ohne Passe nähen, einfach in uni, und es dann zu ausgefallenen Stoffprints tragen.

61

Zuschneiden

Nahtzugaben Schnittteile: An allen Kanten
1 cm Nahtzugabe hinzufügen.

Jersey mit Ankermotiv (Stoff A)
- 1-mal Vorderteil 11a im Stoffbruch
- 1-mal Rückenteil 11b im Stoffbruch
- 2-mal Ärmel 11c

Geringelter Jersey (Stoff B)
- 1-mal Passe 11d im Stoffbruch
- 1-mal vorderer Ausschnittbeleg
  15c im Stoffbruch
- 1-mal hinterer Ausschnittbeleg
  15d im Stoffbruch

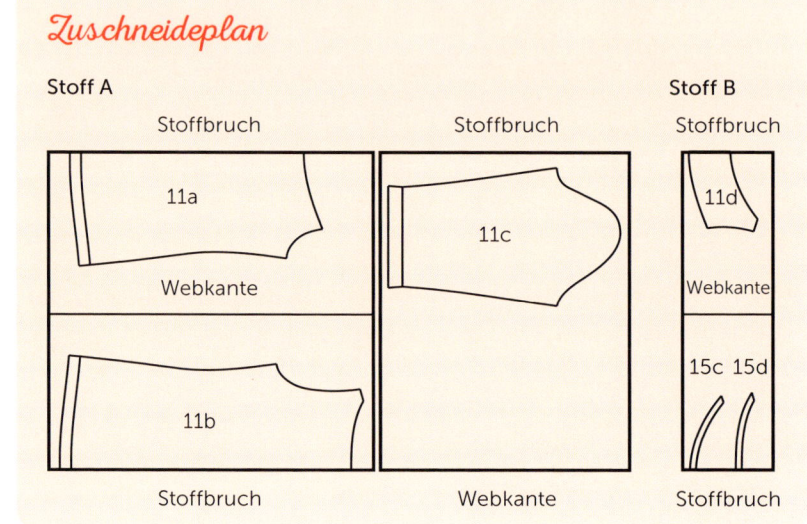

Zuschneideplan

Stoff A

Stoffbruch / Stoffbruch

11a

11c

Webkante

11b

Stoffbruch / Webkante

Stoff B

Stoffbruch

11d

Webkante

15c 15d

Stoffbruch

So wird's gemacht

Hinweis: Alle Nähte müssen mit einem
elastischen Stich deiner Nähmaschine
oder einem schmalen Zickzackstich
(Stichlänge 3, Stichbreite 1) genäht
werden. Verwende eine Jerseynadel.

1 Alle Teile laut Zuschneideplan
zuschneiden.

2 Die Passe rechts auf rechts an
das Vorderteil nähen **2a**. Die
Nahtzugaben zusammen versäubern.
Die Naht bügeln und füßchenbreit absteppen **2b**.

3 Die Ärmelsaumkanten versäubern, dann den angeschnittenen
Ärmelsaum jeweils umbügeln und
danach doppelt absteppen (siehe
Punkt 5 Saum nähen bei Modell „Flora
green", Seite 78) **3a**. Schulternähte
rechts auf rechts schließen. Die Nahtzugaben zusammen versäubern. Die
Ärmel rechts auf rechts an die Armaus-

schnitte stecken, annähen und die Nahtzugaben zusammen versäubern **3b**.
Anschließend die Ärmel- und Seitennähte in einem Arbeitsgang rechts auf
rechts schließen und die Nahtzugaben
zusammen versäubern **3c**.

4 **Ausschnittbeleg nähen:** Den
vorderen und hinteren Ausschnittbeleg an den Schulternähten jeweils
rechts auf rechts zusammennähen
und die Außenkanten versäubern **4a**.
Den Beleg rechts auf rechts an den
Ausschnitt stecken und feststeppen **4b**.
Die Nahtzugaben etwas zurückschneiden und an der Rundung bis dicht an
die Naht einknipsen **4c**. Die Belege nach
innen wenden **4d**. Die Kante bügeln
und von rechts in gewünschter Breite
absteppen.

5 Den angeschnittenen Saum versäubern, umbügeln und danach
doppelt absteppen **5**. Zur Verzierung
ein Schleifchen herstellen und annähen

(siehe Modell „Flora green", Seite 78).
Dazu einen 2 x 30 cm großen Streifen
aus den Resten des gestreiften Jerseys
zuschneiden.

2a

2b

3a

3b

3c

4a

4b

4c

4d

5

ANCHOR MINI

Kindershirt mit U-Boot-Ausschnitt, Passe und langem Ärmel

Größen: 104–152 • **Schwierigkeitsgrad:** ✂ • Schnittteile 12a bis 12f in Schwarz auf Bogen B

So etwas Schönes kann man nur selber schneidern: Ein Mama-Tochter-Outfit mit den gleichen Stoffen, aber gespiegelt zugeschnitten. Das Tolle ist, beide Shirts sind anfängertauglich und ganz schnell fürs eigene Fotoshooting genäht!

Material

- Ringeljersey in Rot-weiß, 140 cm breit: Größe 104: 55 cm, Größe 116: 55 cm, Größe 128: 100 cm, Größe 140: 110 cm, Größe 152: 120 cm
- 25 cm Jersey mit Ankermotiv in Rot-weiß, 140 cm breit (für alle Größen)

Zuschneiden

Nahtzugaben Schnittteile: An allen Kanten 1 cm Nahtzugabe hinzufügen.

Geringelter Jersey (Stoff A)

- 1-mal Vorderteil 12a im Stoffbruch
- 1-mal Rückenteil 12b im Stoffbruch
- 2-mal Ärmel 12c

Jersey mit Ankermotiv (Stoff B)

- 1-mal Passe 12d im Stoffbruch
- 1-mal vorderer Ausschnittbeleg 12e
- 1-mal hinterer Ausschnittbeleg 12f

So wird's gemacht

1 Alle Teile laut Zuschneideplan zuschneiden.

2 Nähen wie beim Damenshirt „Anchor girl" ab Seite 62 beschrieben.

Zuschneideplan

Stoff A Größe: 104–116 — Stoffbruch — 12a — 12c — Webkante — 12b — Stoffbruch

Stoff A Größe: 128–152 — Stoffbruch — 12a — Webkante — 12b — Stoffbruch

Stoffbruch — 12c — Webkante

Stoff B — Stoffbruch — 12d — Web-kante — 12f 12e — Stoffbruch

STARLIGHT

Hoodie mit Mini-Passen, hoher Kapuze und Kängurutasche

Größen: 34–44 • **Schwierigkeitsgrad:** ✂✂ • Schnittteile 13a bis 13e, 16c, 16e, 16h und 16i in Schwarz auf Bogen D

Na klar, diesen Hoodie willst du doch auch! Es erwarten dich unwiderstehliche Highlights wie die Mini-Passen, gefütterte Kuschelkapuze und die etwas andere Kängurutasche, die in der unteren Teilungsnaht einfach mit eingenäht wird.

Material

- 1,20 m Sweatshirtstoff mit großen Sternen, 140 cm breit
- 75 cm Sweatshirtstoff mit kleinen Sternen, 140 cm breit
- 15 cm Jersey oder Sweatshirtstoff in Petrol, 140 cm breit
- 40 cm Bündchenstoff, mindestens 100 cm breit (bei Schlauchware: 100 cm Umfang)
- 2 Ösen zum Einschlagen, Ø 11 mm
- 110 cm Kordel
- Reststück Leder oder waschbares Papier in Lederoptik (SnapPap), ca. 10 x 10 cm
- Ausstanzer Stern, falls gewünscht

Zuschneiden

Nahtzugaben Schnittteile: An allen Kanten 1 cm Nahtzugabe hinzufügen.

Sweatshirtstoff mit großen Sternen (Stoff A)
- 1-mal Vorderteil 13a im Stoffbruch
- 1-mal unteres Vorderteil 13b im Stoffbruch
- 1-mal Rückenteil 13d im Stoffbruch
- 1-mal Kapuze 16e im Stoffbruch

Sweatshirtstoff mit kleinen Sternen (Stoff B)
- 2-mal Ärmel 16c
- 1-mal Kapuze 16e im Stoffbruch (Futter)
- 2-mal Tasche 13e

Jersey in Petrol (Stoff C)
- 4-mal Mini-Passe 13c

Bündchenstoff (Stoff D)
- 1-mal Saumbündchen 16h im Stoffbruch
- 2-mal Ärmelbündchen 16i

Leder/SnapPap
- 2 Quadrate à 3 x 3 cm

Zuschneideplan

Stoff A

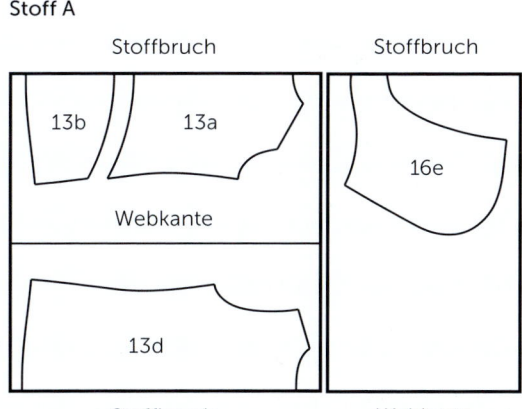

Stoff B

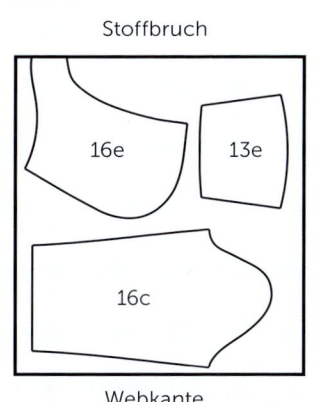

Stoff C

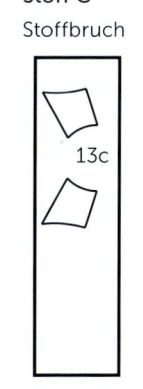

Stoff D

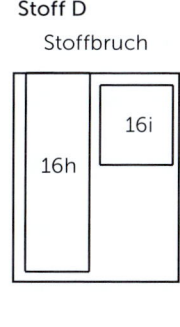

So wird's gemacht

Hinweis: Alle Nähte müssen mit einem elastischen Stich deiner Nähmaschine oder einem schmalen Zickzackstich (Stichlänge 3, Stichbreite 1) genäht werden. Verwende eine Jerseynadel.

1 Alle Teile laut Zuschneideplan zuschneiden, siehe Seite 67.

2 Passe nähen: Für eine saubere Verarbeitung der Passen hast du jeweils zwei Passenteile pro Seite zugeschnitten. Am einfachsten erkennst Du, welches Passenteil wohin gehört, wenn du die Passenteile, bevor sie angenäht werden, so an das Vorderteil legst, wie sie fertig genäht aussehen sollen. Anschließend die Passenteile nach unten klappen und das Vorderteil jeweils zwischen den Passenteilen feststecken. Die Nähte nähen **2a**. Die Passen wieder nach oben schlagen, die Nähte bügeln und in Nähfußbreite absteppen **2b**.

3 Tasche nähen: Die beiden Taschenteile rechts auf rechts legen und die seitlichen Nähte schließen **3a**. Die Tasche auf rechts wenden und die Seitennähte nach Wunsch absteppen. Zur Verzierung kann noch ein Aufnäher aufgesteppt werden, z.B. aus SnapPap **3b**. Die fertige Tasche mittig auf dem unteren Vorderteil platzieren und an der oberen und unteren Kante mit Stecknadeln fixieren **3c**. Das untere Vorderteil an das Vorderteil nähen und die Nahtzugaben zusammen versäubern. Die Nahtzugaben nach oben bügeln und in Nähfußbreite absteppen **3d**.

4 Die Schulternähte rechts auf rechts schließen und die Nahtzugaben zusammen versäubern. Dann die Ärmel rechts auf rechts in die Armausschnitte stecken, annähen und die Nahtzugaben zusammen versäubern. Anschließend Ärmel- und Seitennähte jeweils in einem Arbeitsgang rechts auf rechts schließen und die Nahtzugaben zusammen versäubern (siehe Modell „Purple dream", Seite 14) **4**.

5 Kapuze vorbereiten und Ösen anbringen: Die Markierungen für die Ösen vom Schnittmuster auf das Oberstoff-Kapuzenteil übertragen, z.B. mit einem Trickmarker **5a**. Die Quadrate aus Leder oder SnapPap mithilfe der Markierungen platzieren und zuerst rundherum aufsteppen und anschließend noch einmal kreuzförmig zu den Ecken hin absteppen. Nun die Löcher für die Ösen stanzen und danach die Ösen anbringen **5b**. Bitte hierzu auch die Anleitung des Ösen-Herstellers beachten.

6 Kapuze nähen: Die Kapuzenmittelnaht an der Oberstoff- und Futterkapuze jeweils rechts auf rechts schließen **6a**. Anschließend die Oberstoff- und Futterkapuze rechts auf rechts an der Gesichtsöffnung zusammenstecken und die Kante zunähen **6b**. Die Nahtzugabe im Bereich der Rundung im Abstand von 1,5 cm bis dicht an die Naht einknipsen (siehe auch unter „Was du wissen solltest", Stichwort: Verstürzen, Seite 10). Die Kapuze auf rechts wenden, die Kante an der Gesichtsöffnung bügeln und diese anschließend in einem Abstand von 3 cm zur Kante absteppen. Beginn und Ende der Steppnaht ist jeweils 2 cm vor bzw. hinter der Öse. Fertig genäht sieht die Kapuze wie auf Abbildung **6c** aus. Die unteren, noch offenen Halsausschnittkanten der Kapuze (von Oberstoff und Futter) zusammenstecken. Die Kapuze anschließend passgenau an den Halsausschnitt des Oberteils stecken, hierbei treffen vordere und hintere Mitte von Kapuze und Oberteil jeweils aufeinander. Die Kapuze festnähen und die Nahtzugaben zusammen versäubern. Die Kordel mithilfe einer Sicherheitsnadel einziehen und die Enden mit einem Stück SnapPap oder Leder einfassen.

7 Bündchen nähen, wie bei Modell „Purple dream" auf Seite 16 beschrieben.

> **Tipp zum Modell:** Ein Sweatshirtstoff, der auf der linken Seite aufgeraut ist, hat einen superweichen und kuscheligen Griff. Allerdings hat er oft einen Nachteil: Er ist in Querrichtung sehr viel weniger elastisch und steifer als z.B. ein Jerseystoff! Wenn du dieses Material verarbeiten möchtest, solltest du daher dieses Modell lieber eine Nummer größer zuschneiden, als du es ansonsten tun würdest.

WOODLAND FRIENDS

Shirt mit XL-Kragen

Größen: 34–44 • **Schwierigkeitsgrad:** ✂✂ • Schnittteile 14a bis 14d in Grau, 7c, 7f und 7g in Schwarz auf Bogen C

Wenn du auf der Suche nach dem Besonderen bist, ist dieser ausgefallene XL-Kragen sicher ganz dein Ding! Den Riesenkragen kannst du ganz nach oben ziehen, wenn's kalt wird, oder aber kuschelig wie einen Schal um den Hals drappieren. Das hat doch was!

Material

- 1,30 m Jersey mit Hirschmotiven, 140 cm breit
- 55 cm Jersey mit Blüten, 140 cm breit
- 70 cm Jersey mit Dreiecken, 140 cm breit

Tipp zum Modell: Dieses Modell kannst du auch ganz sportlich designen, indem du einen entsprechenden Stoff auswählst, Ösen und Kordel an der Kapuze anbringst (siehe Modell „Feathers and dreams", Seite 80) und Verzierungen aus SnapPap oder Lederresten hinzufügst (siehe Modell „Starlight", Seite 66).

71

Zuschneiden

Nahtzugaben Schnittteile: An allen Kanten 1 cm Nahtzugabe hinzufügen.

Jersey mit Hirschmotiven (Stoff A)
- 1-mal Vorderteil 14a im Stoffbruch
- 1-mal Rückenteil 14b im Stoffbruch
- 1-mal Kragen 14c im Stoffbruch (Futter)

Jersey mit Blüten (Stoff B)
- 1-mal Kragen 14c im Stoffbruch (Oberstoff)

Jersey mit Dreiecken (Stoff C)
- 2-mal Ärmel 7c
- 2-mal Tasche 14d
- 1-mal Saumbündchen 7f im Stoffbruch
- 2-mal Ärmelbündchen 7g

Zuschneideplan

Stoff A

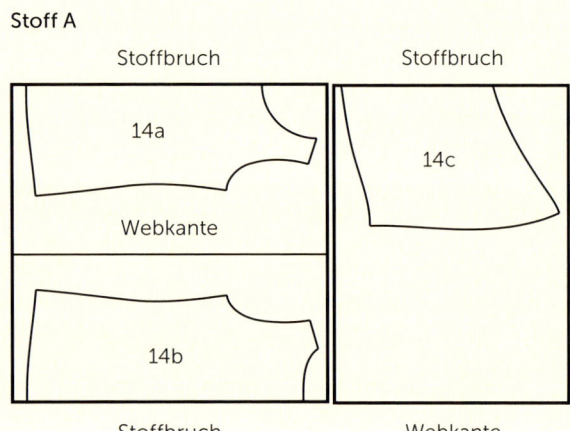

Stoff B

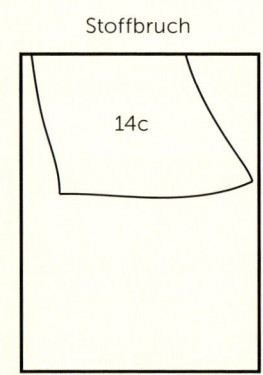

Stoff C

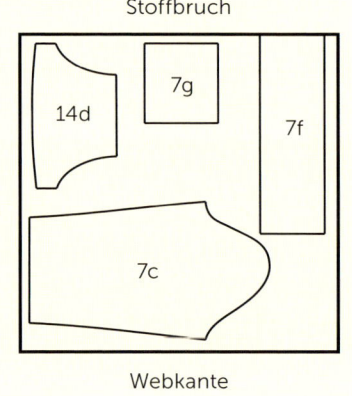

So wird's gemacht

Hinweis: Alle Nähte müssen mit einem elastischen Stich deiner Nähmaschine oder einem schmalen Zickzackstich (Stichlänge 3, Stichbreite 1) genäht werden. Verwende eine Jerseynadel.

1 Alle Teile laut Zuschneideplan zuschneiden.

2 Tasche nähen, wie bei Modell „Simply stripes" auf Seite 32 ausführlich beschrieben: Taschenteile verstürzen, wenden und Tascheneingriffe absteppen. Fertige Tasche mittig und bündig zur Saumkante auf dem Vorderteil festnähen **2**.

3 Schulternähte schließen, Ärmel einnähen und die Ärmel- und Seitennaht in einem Arbeitsgang schließen (eine ausführliche Beschreibung dieser Schritte findest du beim Modell „Purple dream" auf Seite 14) **3**.

4 **Kragen nähen:** Jeweils die hinteren Nähte von Oberstoff- und Futterkragen schließen **4a**. Beide Kragenteile rechts auf rechts an der oberen Kante zusammenstecken, die

2

3

4a

hinteren Nähte treffen hierbei aufeinander 4b. Kragen auf rechts wenden und die obere Kante in gewünschter Breite absteppen 4c. Kragen rechts auf rechts an den Halsausschnitt stecken: Hierfür markierst du dir mit Stecknadeln die vordere und hintere Mitte des Halsausschnitts. Lege diese Markierungen übereinander. Dadurch ergibt sich auch seitlich eine Halbierung, markiere auch diese. Nun ist der Ausschnitt in genau 4 gleich große Abschnitte aufgeteilt 4d. An der Unterkante des Kragens markierst du ebenfalls vier gleich große Stücke mit Stecknadeln. Beim Anstecken des Kragens (rechts auf rechts) trifft die hintere Kragennaht genau auf die Markierung in der hinteren Ausschnittmitte 4e. Den Kragen nun zuerst an den Markierungen feststecken und anschließend dazwischen weitere Nadeln stecken. Kragen mit einem dehnbaren Stich festnähen

5   Bündchen nähen, wie am Modell „Purple dream" auf Seite 16 beschrieben 5.

FLORA GREEN

Ärmelloses Top mit U-Boot Ausschnitt

Größen: 34–44 • **Schwierigkeitsgrad:** ✂ • Schnittteile 15a bis 15f in Grau auf Bogen B

Mit diesem zauberhaften Top im Vintage Style kannst du den Sommer in vollen Zügen genießen. Und das Beste daran: Es ist ganz einfach nachzuarbeiten und ruckzuck genäht!

Material

- 75 cm geblümter Jersey, 1,40 m breit
- 5 x 35 cm (Längskante parallel zum Maschenlauf) passender Jerseystoff für die Schleife

Zuschneiden

Nahtzugaben Schnittteile: An allen Kanten 1 cm Nahtzugabe hinzufügen.

Geblümter Jersey (Stoff A)
- 1-mal Vorderteil 15a im Stoffbruch
- 1-mal Rückenteil 15b im Stoffbruch
- 1-mal vorderer Ausschnittbeleg 15c im Stoffbruch
- 1-mal hinterer Ausschnittbeleg 15d im Stoffbruch
- 2-mal vorderer Ärmelbeleg 15e
- 2-mal hinterer Ärmelbeleg 15f

Zuschneideplan

Stoff A

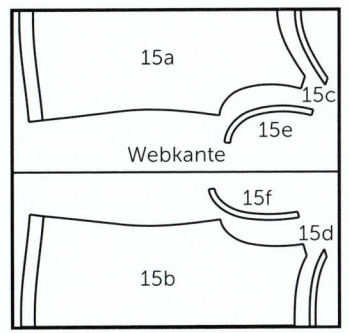

Tipp zum Modell:

Weil dieses süße Top so schnell genäht ist, solltest du es in verschiedenen Varianten als Basicteile für deine Sommeroutfits einsetzen. Egal ob bunt oder uni, ob zur Jeans, Shorts oder zum Minirock getragen, es wird immer ein besonderer Hingucker sein!

So wird's gemacht

Hinweis: Alle Nähte müssen mit einem elastischen Stich deiner Nähmaschine oder einem schmalen Zickzackstich (Stichlänge 3, Stichbreite 1) genäht werden. Verwende eine Jerseynadel.

1 Alle Teile laut Zuschneideplan zuschneiden, siehe Seite 77.

2 Schulter- und Seitennähte rechts auf rechts schließen **2**. Die Nahtzugaben jeweils zusammen versäubern.

3 Ärmelbelege nähen: Jeweils einen vorderen und einen hinteren Ärmelbeleg an Schulter- und Seitennaht rechts auf rechts zusammennähen, die Nahtzugaben auseinanderbügeln. Die Außenkanten der Belege jeweils versäubern. Beide Ärmelbelege jeweils rechts auf rechts an die Armausschnitte stecken. Hierbei treffen die Schulter und Seitennähte aufeinander. Belege festnähen **3a**. Die Nahtzugaben etwas zurückschneiden und an den Rundungen bis dicht an die Naht einknipsen. Die Belege nach innen wenden **3b**. Die Kante bügeln und von rechts in gewünschter Breite absteppen **3c**.

4 Ausschnittbelege nähen: Vorderen und hinteren Ausschnittbeleg an den Schultern rechts auf rechts zusammennähen und weiterarbeiten, wie bei den Ärmelbelegen beschrieben.

5 Saum nähen: Für das Umnähen des angeschnittenen Saums genau die doppelte Breite des fertigen Saums mit Schneiderkreide oder einem Trickmarker auf der linken Stoffseite

anzeichnen **5a**. Die Saumkanten versäubern und dann die untere Saumkante genau bis zur Markierung umlegen und bügeln **5b**. Anschließend den Saum an der oberen Kante entlang von links feststeppen **5c**. Damit die typische Doppelnaht entsteht, wird noch ein zweites Mal parallel zur vorher genähten Naht in gewünschter Breite von rechts abgesteppt **5d**. Damit die Saumnaht dehnbarer wird, kann man hier zum Absteppen auch einen flach eingestellten Zick-Zack-Stich verwenden. So sieht der fertig genähte Saum aus **5e**.

> *Tipp:* Der Saum kann auch mit einer Zwillingsnadel genäht werden.

6 Schleifchen herstellen: Aus dem farblich passenden Stoff einen ca. 30 cm langen und 2 cm breiten Streifen parallel zur Längskante zuschneiden. Den Jerseystreifen nun kräftig in die Länge ziehen, sodass sich die Ränder dabei nach innen drehen. Mit der Hand die Rollierung ein wenig nacharbeiten, eine kleine Schleife formen und mit ein paar Handstichen in der Mitte zusammennähen **6a**. Die Schleife nach Wunsch am Ausschnitt platzieren und von Hand annähen **6b**.

3a

3b

3c

2

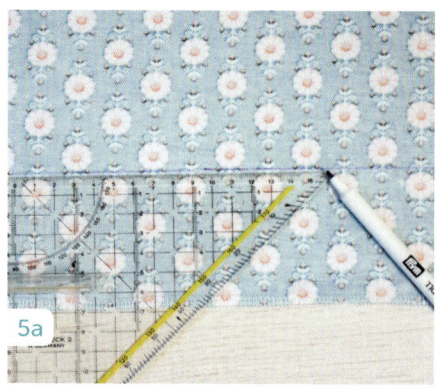

5a

5b

6a

6b

5c

5d

5e

FEATHERS & DREAMS

Hoodie mit Passe und halbrunden Seitentaschen

Größen: 34–44 • **Schwierigkeitsgrad:** ✂ ✂ • Schnittteile 16a bis 16i auf Bogen D

Dieses Modell kann federleicht zu deinem Traumpulli werden, denn es hat alles, was du zum Wohlfühlen und Einkuscheln brauchst: Kapuze mit hohem Steg, dekorative Seitentaschen und tolle Möglichkeiten, verschiedene Lieblingsstoffe zu verarbeiten. Ösen und Kordel für die gefütterte Kapuze dürfen bei diesem schönen Hoodie natürlich auch nicht fehlen!

Material

- 1,35 m Jersey mit Federn, 140 cm breit
- 60 cm geringelter Jersey, 140 cm breit
- 2 Ösen zum Einschlagen, Ø 11 mm
- 110 cm Kordel
- Zur Verstärkung der Ösen: Rest Vlieseinlage zum Aufbügeln, Rest nicht dehnbarer Baumwollstoff, je ca. 5 x 10 cm

Tipp zum Modell: Wenn du Näheinsteiger bist, kannst du das Shirt für dich auch etwas einfacher gestalten: Schneide das Vorderteil z.B. ohne Passe zu und lasse die Ösen weg. Mit deinem Lieblingsstoff sieht das Shirt auch mit weniger Details unwiderstehlich aus.

81

Zuschneiden

Nahtzugaben Schnittteile: An allen Kanten 1 cm Nahtzugabe hinzufügen.

Jersey mit Federn (Stoff A)
- 1-mal Vorderteil 16a im Stoffbruch
- 1-mal Rückenteil 16b im Stoffbruch
- 2-mal Ärmel 16c
- 2-mal Kapuze 16e
- 2-mal Taschenbeleg 16g
- 2-mal Ärmelbündchen 16i

Geringelter Jersey (Stoff B)
- 1-mal Passe 16d im Stoffbruch
- 2-mal Kapuze 16e (Futter)
- 2-mal Taschenbeutel 16f
- 1-mal Saumbündchen 16h im Stoffbruch

Zuschneideplan

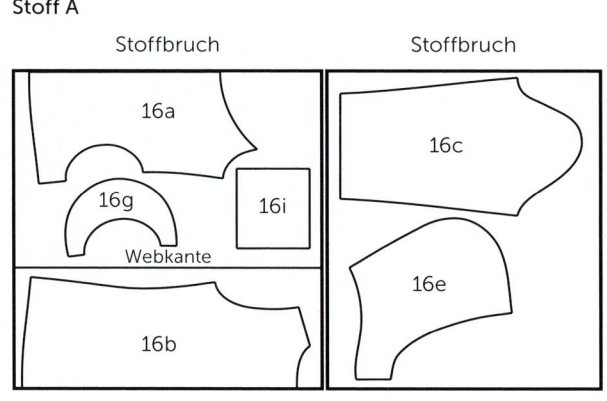
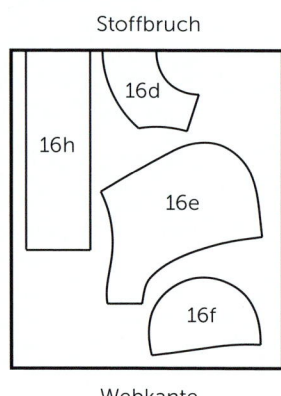

Stoff A — Stoffbruch — 16a — 16g — 16i — Webkante — 16b — Stoffbruch
Stoffbruch — 16c — 16e — Webkante
Stoff B — Stoffbruch — 16d — 16h — 16e — 16f — Webkante

So wird's gemacht

Hinweis: Alle Nähte müssen mit einem elastischen Stich deiner Nähmaschine oder einem schmalen Zickzackstich (Stichlänge 3, Stichbreite 1) genäht werden. Verwende eine Jerseynadel.

1 Alle Teile laut Zuschneideplan zuschneiden.

2 **Passe nähen:** Die Passe rechts auf rechts an das Vorderteil stecken, festnähen und die Nahtzugaben zusammen versäubern. Die Nahtzugaben nach unten bügeln und die Naht in Nähfußbreite absteppen **2**.

3 **Seitentaschen nähen:** Die Taschenbelege jeweils rechts auf rechts an die Taschenrundungen stecken und festnähen **3a**. Die Nahtzugaben zurückschneiden und die Rundungen im Abstand von ca. 1,5 cm bis dicht an die Naht einknipsen (siehe

auch unter „Was Du wissen solltest", Stichwort: Verstürzen, Seite 10) **3b**. Taschenbelege nach innen wenden, die Tascheneingriffe bügeln und absteppen **3c**. Die Taschenbeutel rechts auf links an die Außenkanten der Taschenbelege stecken, rundherum festnähen und die Nahtzugaben jeweils zusammen versäubern **3d**. Anschließend die fertigen Taschenbeutel von links auf dem Vorderteil feststecken und rundherum in Nähfußbreite aufsteppen **3e**. Fertig genäht sehen die Seitentaschen dann aus wie auf der Abbildung **3f**.

4 Die Schulternähte rechts auf rechts schließen und die Nahtzugaben zusammen versäubern. Dann die Ärmel rechts auf rechts in die Armausschnitte stecken, annähen und die Nahtzugaben zusammen versäubern. Anschließend Ärmel- und Seitennähte jeweils in einem Arbeitsgang rechts

auf rechts schließen und die Nahtzugaben zusammen versäubern (siehe Modell „Purple dream" Seite 14) **4**.

5 **Kapuze vorbereiten und Ösen anbringen:** Die beiden Kapuzenteile aus Oberstoff und Futter jeweils an der vorderen Mitte rechts auf rechts zusammennähen, die Nahtzugaben auseinanderbügeln. Anschließend die Markierungen für die Ösen vom Schnittmuster auf den Stoff übertragen, z.B. mit einem Trickmarker **5a**. Damit die Ösen später nicht ausreißen, musst du ein paar Vorkehrungen treffen: Zuerst bügelst du im Bereich der Markierungen jeweils ein Stückchen Vlieseinlage auf die linke Stoffseite. Außerdem schneidest du zur Verstärkung der Löcher zusätzlich zwei ca. 4 x 4 cm große Quadrate aus dem nicht dehnbaren Baumwollstoff. **5b** Die Stoffstücke anschließend auf der linken Stoffseite mittig unter den Markierungen platzieren

2

3d

5a

3a

3e

5b

3b

3f

3c

4

und bis zum Anbringen der Ösen dort feststecken. Nun die Löcher für die Ösen ausstanzen. Bitte hierzu auch die Anleitung des Ösen-Herstellers beachten 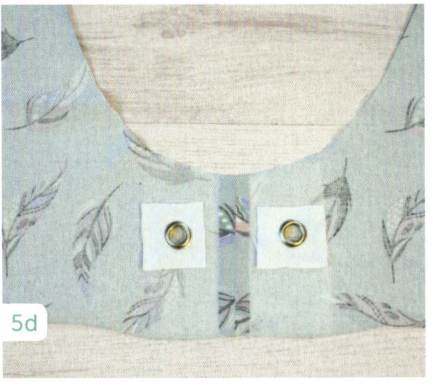5c. Die Ösen anbringen 5d.

6 Kapuze nähen: Die Oberstoff- und Futterkapuzenteile jeweils rechts auf rechts an der Mittelnaht zusammennähen 6a. Anschließend Oberstoff- und Futterkapuze an der Gesichtsöffnung rechts auf rechts aufeinanderstecken und zusammennähen 6b. Die Nahtzugaben im Bereich der Rundung im Abstand von 1,5 cm bis dicht an die Naht einknipsen (siehe auch unter „Was du wissen solltest", Stichwort: Verstürzen, Seite 10). Die Kapuze auf rechts wenden und die Kante der Gesichtsöffnung bügeln. Die unteren, noch offenen Halsausschnittkanten der Kapuze

(von Oberstoff und Futter) zusammenstecken. Die Kapuze anschließend passgenau an den Halsausschnitt des Oberteils stecken, hierbei treffen vordere und hintere Mitte von Kapuze und Oberteil jeweils aufeinander. Kapuze mit einem elastischen Stich festnähen und die Nahtzugaben zusammen versäubern. Zum Schluss die Gesichtsöffnung der Kapuze in einem Abstand von 3 cm zum Rand absteppen. Beginn und Ende der Steppnaht ist jeweils 2 cm vor bzw. nach der Öse 6c. Die Kordel mithilfe einer Sicherheitsnadel in den Tunnel einziehen und die Enden mit Knoten sichern. Fertig genäht sieht die Kapuze wie auf Abbildung 6d aus.

7 Bündchen nähen, wie bei Modell „Purple dream" auf Seite 16 beschrieben.

6a

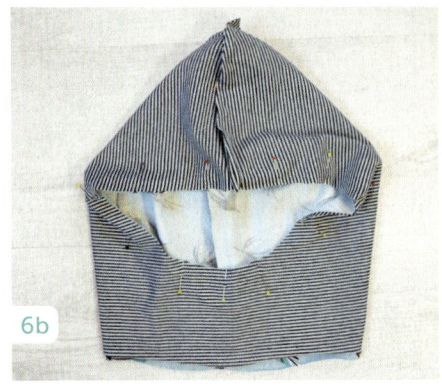
6b

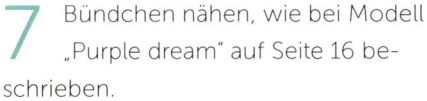
5c

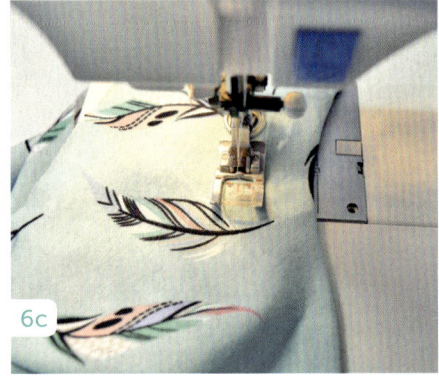
6c

5d

6d

FRÄULEIN KATRICE

Shirt mit Halskräuselung und Schleife

Größen: 34–44 • Schwierigkeitsgrad: ✂✂✂ • Schnittteile 17a bis 17f, 16h und 16i in Schwarz auf Bogen D

*Das lässige Shirt mit der dekorativen Halskräuselung ist wirklich ein Allrounder.
Hier zeigt es sich in edlem Stoffdesign von seiner schicken Seite: perfekt für offizielle Anlässe.
Die Schleife wird mit einer Sicherheitsnadel befestigt, sodass sie je nach Lust und Laune
auch abgenommen werden kann.*

Material

- 1,65 m Jersey mit Dreiecken, 140 cm breit
- 70 cm Gummiband, 15 mm breit
- Kleine Sicherheitsnadel (optional)

Zuschneiden

Nahtzugaben Schnittteile: An allen Kanten
1 cm Nahtzugabe hinzufügen.

Jersey mit Dreiecken (Stoff A)

- 1-mal Vorderteil 17a im Stoffbruch
- 1-mal Rückenteil 17b im Stoffbruch
- 2-mal Ärmel 17c
- 1-mal Schleife 17d im Stoffbruch
- 1-mal vorderer Beleg 17e im Stoffbruch
- 1-mal hinterer Beleg 17f im Stoffbruch
- 1-mal Saumbündchen 16h im Stoffbruch
- 2-mal Ärmelbündchen 16i

Zuschneideplan

Stoff A

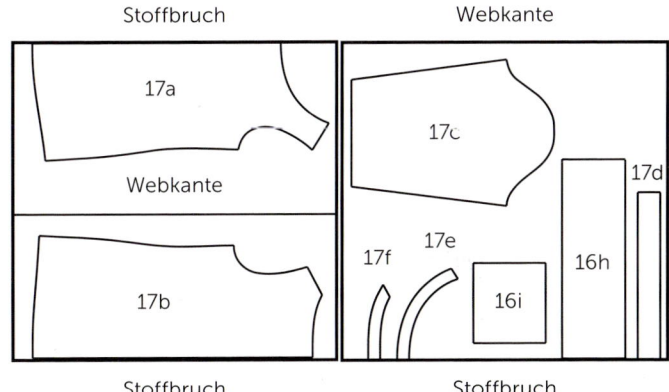

Tipp zum Modell: Mit diesem Modell hast du
unendlich viele Design-Möglichkeiten! Je nachdem,
welchen Stoff du aussuchst, sieht dein „Fräulein
Katrice" immer wieder anders aus: Mal chic (weich
fließender Stoff mit Glitzereffekt), verspielt (Jersey
mit Pünktchen oder Blümchen in fröhlichen Farben)
oder eher sportiv (Jersey in uni-mélange). Probiere
es aus, du wirst begeistert sein!

So wird's gemacht

Hinweis: Alle Nähte müssen mit einem elastischen Stich deiner Nähmaschine oder einem schmalen Zickzackstich (Stichlänge 3, Stichbreite 1) genäht werden. Verwende eine Jerseynadel.

1 Alle Teile laut Zuschneideplan zuschneiden, siehe Seite 87.

2 Die Schulternähte jeweils rechts auf rechts schließen und die Nahtzugaben zusammen versäubern. Dann die Ärmel rechts auf rechts in die Armausschnitte stecken, annähen und die Nahtzugaben zusammen versäubern. Anschließend Ärmel- und Seitennähte jeweils in einem Arbeitsgang rechts auf rechts schließen und die Nahtzugaben zusammen versäubern (siehe Modell „Purple dream", Seite 14) **2**.

3 Bündchen nähen: Saum-und Ärmelbündchen nähen, wie bei „Purple dream" auf Seite 16 beschrieben **3a** + **3b**.

4 Halsausschnitt: Den vorderen und hinteren Beleg an den Schulternähten rechts auf rechts zusammennähen, die Nahtzugaben jeweils auseinanderbügeln und die äußere Kante versäubern. Beleg rechts auf rechts an den Halsausschnitt stecken und annähen **4a**. Die Nahtzugaben zurückschneiden **4b** und an der Rundung im Abstand von 1,5 cm bis dicht an die Naht einknipsen (siehe auch unter „Was Du wissen solltest", Stichwort: Verstürzen , Seite 10). Den Beleg nach innen wenden, die Kante bügeln und feststecken **4c**. Die Ausschnitt-

kante im Abstand von 2 cm rundherum absteppen, für das Einziehen des Gummibands aber an einer Seite eine Lücke von ca. 2–3 cm offen lassen **4d**. Das Gummiband für den Ausschnitt wie folgt zuschneiden: Größe 34: 58 cm; Größe 36: 59 cm; Größe 38: 60 cm; Größe 40: 61 cm; Größe 42: 62 cm; Größe 44: 64 cm. Das Gummiband mithilfe einer Sicherheitsnadel in den genähten Tunnel einziehen. Die Länge des Gummis anschließend per Anprobe testen, eventuell anpassen und dann das Gummiband von Hand zusammennähen. Das noch offene Stück an der Ausschnittkante mit der Maschine zunähen.

5 Zierschleife nähen: Die Schmalseiten am Band für die Schleife jeweils 1 cm breit nach links umbügeln. Dann das Band links auf links zur Hälfte bügeln, sodass beide Längskanten aufeinanderliegen. So ergibt sich in der Mitte ein Kniff. Anschließend das Band wieder auseinanderfalten und die Längskanten von beiden Seiten genau bis zu diesem Kniff bügeln. Das Band am mittleren Kniff erneut falten, sodass 4 Stofflagen und die Kanten bündig aufeinanderliegen. Das Band rundherum knappkantig absteppen. Das Band zur Schleife binden und mit ein paar Handstichen fixieren. Die Schleife von Hand auf dem Vorderteil aufnähen oder mit einer kleinen Sicherheitsnadel versehen und am Ausschnitt befestigen **5**, siehe auch Modell „Cotton Candy", Seite 52.

2

3a

3b

4a

4b

4c

4d

5

LIEBLINGSMODELLE VON BLOGGERINNEN

Mit ihren tollen Ideen und ganz eigenen Kreationen belohnen diese Bloggerinnen als mein fleißiges und engagiertes Nähteam meine Arbeit, denn sie führen mir begeistert vor Augen, wie viele unterschiedliche Lieblingsteile aus meinen Schnittmustern entstehen können! Und ganz „nebenbei" werden natürlich auch Schnittmuster, Passform und Anleitungen von ihnen getestet und genau unter die Lupe genommen. So haben sie auch meine Arbeit an diesem Buch unterstützt! Die Ergebnisse ihrer einzigartigen Designs kannst du hier bewundern.

Ihr Lieben!
Ich möchte mich ganz ganz herzlich bei euch bedanken!

Eure Mechthild

Katrin Bach
Syflinga

Nina Baumann
iddilino

Annika Betting
Schnürpelinchen

Ingrid Blümelhuber
made by lisamona

facebook.com/Syflinga

facebook.com/iddilino

facebook.com/
Schnuerpelinchen

madebylisamona.blogspot.de

Sylvia Brunner
Herzensbunt Design

Franziska Büttner
Frau Büntze

Andrea Clasen
Nähpänz

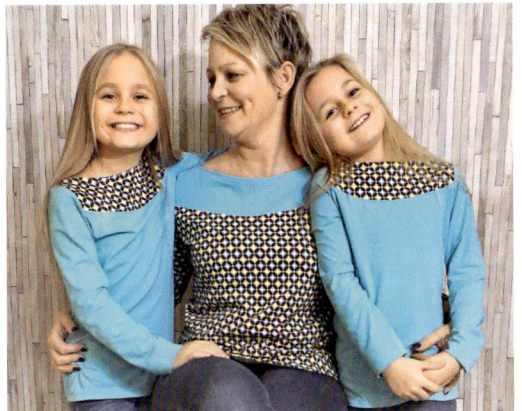

facebook.com/herzens-
buntdesign

facebook.com/fraubuentze

facebook.com/Naehpaenz

Christiane Dau
Ranelabel

Jessica Frentzel-Beyme
Hummelschn

Sabine Glaser
Handmade by Checkerbunny

Tanja Gräbner-Kolb
Krümel³

ranelabel.blogspot.de

facebook.com/Hummel-
schn.de

facebook.com/handmade-
BYcheckerbunny

facebook.com/Kruemel-
hoch3

Simone Hesse
Simone pfriemelt mit Stoffen

Heike Hohberg
Bebe Bella

Martina Jahnke
Trimalo

facebook.com/simone.
pfriemelt.mit.stoffen

facebook.com/Bebe-
Bella-1439714186267516/

facebook.com/trimalo

Mirja Jantsch
Glückpunkt

Julia Kieß
Le.Ni.Ki.

Anke Loosen
Rheinnaht

Tanja Nöllgen
Einfach mit Liebe gemacht

facebook.com/glueckpunkt.
blog

facebook.com/Julia.Kies.
Le.Ni.Ki

facebook.com/rheinnaht

einfachmitliebegemacht.
blogspot.de

Sabrina Ohnesorg
Am liebsten Sorgenfrei

Andrea Schiele
Miss Elbneedle

Heidi Schmich
Fivekidz

Tanja Schmidt
EmilyMotte

amliebstensorgenfrei.com/

facebook.com/MissElbneedle

facebook.com/fivekidz.
handmadewithlove

facebook.com/emilymotte1

Dominique Steigner
My little Place

Sandra Weiler

Anna Werth
Werthvoll

Bea Wunsch
Wunschkind

facebook.com/My-little-
Place-789853744401846/

facebook.com/werthvoll1

facebook.com/Wunsch-
KindDesign

93

Impressum

Ideen, Entwürfe & Realisation: Mechthild Wichard
Redaktion: Anna Fischer
Lektorat: Beate Schmitz
Fotos & Styling: Florian Bilger Fotodesign
Visagistin: Kasia Vintrici
Raumstyling: Papierblumen von www.arte-rica.de
Stepfotos, Zeichnungen, Schnittzeichnungen: Mechthild Wichard
Gesamtgestaltung und Satz: GrafikwerkFreiburg
Reproduktion: RTK & SRS mediagroup GmbH
Druck und Verarbeitung: Neografia, Slowakei

© 2017 Christophorus Verlag GmbH & Co. KG, Rheinfelden

6. Auflage 2018

Bezugsquellen

- Art Gallery Fabrics von Adlico Textile Aps, Ikast, Dänemark
  www.adlico.dk
- fabfab GmbH, Schenefeld
  www.stoffe.de
- Kurt Frowein GmbH & Co. KG, Wuppertal
  www.kurt-frowein.de
- Hilco Textil GmbH, Leinfelden-Echterdingen
  www.hilco-shop.de
- lillestoff GmbH, Langenhagen
  www.lillestoff.com
- Stoffe Brünink & Hemmers GmbH, Nordhorn
  www.stoffe-hemmers.de
- Traumbeere, DummyDoll GmbH, Berlin
  www.traumbeere.de

✆ Kreativ-Service

Sie haben Fragen zu den Büchern und Materialien? Frau Erika Noll ist für Sie da und berät Sie rund um alle Kreativthemen. Rufen Sie an! Wir interessieren uns auch für Ihre eigenen Ideen und Anregungen. Sie erreichen Frau Noll per E-Mail: **mail@kreativ-service.info** oder Tel.: **+49 (0) 5052 / 91 18 58**

Besuchen Sie uns im Internet: **www.christophorus-verlag.de**